MÉMOIRES
D'UN MÉDECIN

PAR ALEXANDRE DUMAS.

JOSEPH BALSAMO.

Troisième Partie.

ANDRÉE DE TAVERNEY.

19

PARIS,
ALEXANDRE CADOT, ÉDITEUR,
32, rue de la Harpe.
—
1848

MÉMOIRES
D'UN MÉDECIN.

Ouvrages du Marquis de Foudras.

EN VENTE.

Les chevaliers du lansquenet........ 10 vol. in-8
(En collaboration avec Xavier de Montépin.)
Lilia la Tyrolienne.................... 4 vol. in-8
Suzanne d'Estouville................. 4 vol. in-8
Tristan de Beauregard............... 4 vol. in-8
La comtesse Alvinzi................. 2 vol. in-8
Madame de Miremont................ 2 vol. in-8
Lord Algernon........................ 4 vol. in-8

SOUS PRESSE.

Les gentilshommes chasseurs........ 2 vol. in-8
Un drame en famille................. 2 vol. in-8
Un caprice de grande dame......... 2 vol. in-8
Jacques de Brancion................. 4 vol. in-8
Les viveurs d'autrefois.............. 4 vol. in-8
Dames de cœur et Dames de pique. 4 vol. in-8

LA COMTESSE
DE SALISBURY

Par Alexandre Dumas.

SIX VOLUMES IN-8.

Les trois derniers volumes se vendent séparément pour compléter la 1re édition publiée en 2 volumes.

 — Corbeil, imprimerie de Crété. —

MÉMOIRES
D'UN MÉDECIN

PAR ALEXANDRE DUMAS.

JOSEPH BALSAMO.

Troisième Partie.

ANDRÉE DE TAVERNEY.

19

PARIS,
ALEXANDRE CADOT, ÉDITEUR,
32, rue de la Harpe.

1848

I

A bord.

Dès ce moment, la maison d'Andrée fut silencieuse et morne comme un tombeau.

La nouvelle de la mort de son fils eût

tué Andrée peut-être. C'eût été une de ces douleurs sourdes, lentes, qui minent perpétuellement. La lettre de Gilbert fut un coup si violent qu'il surexcita dans l'âme généreuse d'Andrée tout ce qu'il y restait de forces et de sentiments offensifs.

Revenue à elle, elle chercha des yeux son frère, et la colère qu'elle lut dans ses yeux fut une nouvelle source de courage pour elle-même.

Elle attendit que ses forces fussent revenues assez complètes pour que sa voix ne tremblât plus; et alors, prenant la main de Philippe :

— Mon ami, dit-elle, vous me parliez ce matin du monastère de Saint-Denis, où madame la Dauphine m'a fait accorder une cellule.

— Oui, Andrée.

— Vous m'y conduirez aujourd'hui même, s'il vous plaît.

— Merci, ma sœur.

— Vous, docteur, reprit Andrée, pour tant de bontés, de dévouement, de charité, un remercîment serait une stérile récompense. Votre récompense, à vous, docteur, ne peut se trouver sur la terre.

Elle vint à lui, et l'embrassa.

— Ce petit médaillon, dit-elle, renferme mon portrait que ma mère fit faire quand j'avais deux ans; il doit ressembler à mon fils; gardez-le, docteur, pour qu'il vous parle quelquefois de l'enfant que vous avez mis au jour, et de la mère que vous avez sauvée par vos soins.

Cela dit, sans s'attendrir elle-même, Andrée acheva ses préparatifs de voyage, et le soir, à six heures, elle franchissait, sans oser lever la tête, le guichet du parloir de Saint-Denis, aux grilles duquel Philippe, incapable de maîtriser son émotion, disait lui-même un adieu peut-être éternel.

Tout à coup, la force abandonna la pauvre Andrée, elle revint à son frère en courant, les bras ouverts; lui aussi tendait ses mains vers elle. Ils se rencontrèrent, malgré le froid obstacle de la grille, et sur leurs joues brûlantes leurs larmes se confondirent.

— Adieu! adieu! murmura Andrée, dont la douleur éclata en sanglots.

— Adieu! répondit Philippe étouffant son désespoir.

— Si tu retrouves jamais mon fils, dit Andrée tout bas, ne permets pas que je meure sans l'avoir embrassé.

— Sois tranquille... Adieu! adieu!

Andrée s'arracha des bras de son frère, et, soutenue par une sœur converse, elle s'avança le regardant toujours dans l'ombre profonde du monastère.

Tant qu'il put la voir il lui fit signe de la tête, puis avec son mouchoir qu'il agitait. Enfin, il recueillit un dernier adieu qu'elle lui lança du fond de la route obscure. Alors une porte de fer tomba entre eux avec un bruit lugubre, et ce fut tout.

Philippe prit la poste à Saint-Denis même; son portemanteau en croupe, il courut toute la nuit, tout le jour suivant, et arriva au Havre à la nuit de ce lendemain. Il coucha dans la première hôtellerie qui se trouva sur son passage, et le lendemain, au point du jour, il s'informait sur le port des départs les plus prochains pour l'Amérique.

Il lui fut répondu que le brick l'*Adonis* appareillait le jour même pour New-York. Philippe alla trouver le capitaine qui terminait ses derniers préparatifs, se fit admettre comme passager en payant le prix de la traversée; puis, ayant écrit une dernière fois à madame la Dauphine pour lui témoigner de son dévouement respectueux et de sa reconnaissance, il envoya ses bagages dans sa chambre à bord, et s'embarqua lui-même à l'heure de la marée.

Quatre heures sonnaient à la Tour de François Ier quand l'*Adonis* sortit du chenal avec ses huniers et sa misaine. La mer était d'un bleu sombre, le ciel rouge à l'horizon. Philippe, accoudé sur le bastingage, après avoir salué les rares passagers ses compagnons de voyage, regardait les côtes de France qui s'embrumaient de fumées violettes, à mesure que, prenant plus de toile, le brick cinglait plus rapidement à droite, dépassant la Hève et gagnant la pleine mer.

Bientôt, côtes de France, passagers, Océan, Philippe ne vit plus rien. La nuit sombre avait tout enseveli dans ses grandes ailes, et Philippe s'alla enfermer dans le petit lit de sa chambre pour relire la copie de la lettre qu'il avait envoyée à la Dauphine, et qui pouvait passer pour une prière adressée au Créateur aussi bien que pour un adieu adressé aux créatures.

« Madame, avait-il écrit, un homme sans espoir et sans soutien, s'éloigne de vous avec le regret d'avoir si peu fait pour Votre Majesté future. Cet homme s'en va dans les tempêtes et les orages de la mer, tandis que vous restez dans les périls et les tourments du gouvernement. Jeune, belle, adorée, entourée d'amis respectueux et de serviteurs idolâtres, vous oublierez celui que votre royale main avait daigné soulever au-dessus de la foule; moi, je ne vous oublierai jamais; moi, je vais aller dans un nouveau monde étudier les moyens de vous servir plus efficacement sur votre trône. Je vous lègue ma sœur, pauvre fleur abandonnée, qui n'aura plus d'autre soleil que votre regard. Daignez parfois l'abaisser jusqu'à elle, et, au sein de votre joie, de votre toute-puissance, dans le concert des vœux unanimes, comptez, je vous en conjure, la bénédiction d'un exilé que vous n'entendrez pas, et qui, peut-être, ne vous verra plus. »

A la fin de cette lecture, le cœur de Philippe se serra : le bruit mélancolique du vaisseau gémissant, l'éclat des vagues qui venaient se briser en jaillissant contre le hublot, composaient un ensemble qui eût attristé des imaginations plus riantes.

La nuit se passa longue et douloureuse pour le jeune homme. Une visite que lui rendit au matin le capitaine, ne le remit pas dans une situation d'esprit plus satisfaisante. Cet officier lui déclara que la plupart des passagers craignaient la mer et demeuraient dans leur chambre, que la traversée promettait d'être courte, mais pénible à cause de la violence du vent.

Philippe prit dès lors l'habitude de dîner avec le capitaine, de se faire servir à déjeuner dans sa chambre, et, ne se sentant pas lui-même très-endurci contre les incommodités de la mer, il prit l'habitude de passer quelques heures sur le tillac, couché dans son grand manteau d'officier. Le reste du temps, il l'employait à se faire un plan de conduite pour l'avenir, et à soutenir son esprit par de solides lectures. Quelquefois, il rencontrait les passagers ses compagnons. C'étaient deux dames qui allaient recueillir un héritage dans le nord de l'Amérique, et quatre hommes, dont l'un, déjà vieux, avait deux fils avec lui. Tels étaient les passagers des premières chambres. De l'autre côté, Philippe aperçut une fois quelques hommes de tournure et de mise plus communes; il ne trouva rien là qui occupât son attention.

A mesure que l'habitude diminuait les souffrances, Philippe reprenait de la sérénité comme le ciel. Quelques beaux jours, purs et exempts d'orages, annoncèrent aux passagers l'approche des latitudes tempérées. Alors on demeura plus longtemps sur le pont; alors, même pendant la nuit, Philippe, qui s'était fait une loi de ne communiquer avec personne, et qui avait caché, même au capitaine, son nom, pour n'avoir de conversation sur aucun des sujets qu'il redoutait d'aborder, Philippe entendait, de sa chambre, des pas au-dessus de sa tête; il entendait même la voix du capitaine se promenant sans doute avec quelque passager. C'était une raison pour lui de ne pas monter. Il ouvrait alors son hublot pour aspirer un peu de fraîcheur, et attendait le lendemain.

Une seule fois, la nuit, n'entendant ni colloques, ni promenades, il monta sur le pont. La nuit était tiède, le ciel couvert, et, derrière le vaisseau, dans le sillage, on voyait sourdre du milieu des tourbillons, des milliers de grains phosphorescents. Cette nuit avait paru, sans doute, trop noire et trop orageuse aux passagers, car

Philippe n'en vit aucun sur la dunette. Seulement, à l'avant, sur la proue, penché sur le mât de beaupré, dormait ou rêvait une figure noire, que Philippe distingua péniblement dans l'ombre, quelque passager de la seconde chambre, sans doute, quelque pauvre exilé qui regardait en avant, désirant le port de l'Amérique, tandis que Philippe regrettait le port de France.

Philippe regarda longtemps ce voyageur immobile dans sa contemplation; puis le froid du matin le saisit; il se préparait à rentrer dans sa cabine... Cependant, le passager de l'avant observait aussi le ciel qui commençait à blanchir. Philippe entendit le capitaine s'approcher ; il se retourna.

— Vous prenez le frais, capitaine ? dit-il.

— Monsieur, je me lève.

— Vous avez été devancé par vos passagers, comme vous voyez.

— Par vous ; mais les officiers sont matineux comme les marins.

— Oh! non-seulement par moi, dit Philippe... Voyez, là-bas, cet homme qui rêve si profondément, c'est un de vos passagers aussi, n'est-ce pas?

Le capitaine regarda et parut surpris.

— Qui est cet homme? demanda Philippe.

— Un... marchand, dit le capitaine avec embarras.

— Qui court après la fortune? murmura Philippe; le brick va trop lentement pour lui.

Le capitaine, au lieu de répondre, alla tout à l'avant trouver ce passager, auquel il dit quelques mots, et Philippe le vit disparaître dans l'entrepont.

— Vous avez troublé son rêve, dit Philippe au capitaine quand ce dernier l'eut rejoint; il ne me gênait pas, pourtant.

— Non, monsieur; je l'ai averti que le froid du matin est dangereux dans ces parages; les passagers de seconde classe n'ont pas, comme vous, de bons manteaux.

— Où sommes-nous, capitaine?

— Monsieur, nous verrons demain les Açores, à l'une desquelles nous ferons un peu d'eau fraîche, car il fait bien chaud.

II

Les îles Açores.

A l'heure fixée par le capitaine, on aperçut à l'avant du navire, bien loin dans le soleil éblouissant, les côtes de quelques îles situées au nord-est.

C'étaient les îles Açores.

Le vent portait de ce côté; le brick marchait bien. On arriva en vue complète des îles vers trois heures de l'après-midi.

Philippe vit ces hauts pitons de collines aux formes étranges, à l'aspect lugubre. Des rochers noircis comme par l'action du feu volcanique, des découpures aux crêtes lumineuses, aux abîmes profonds.

A peine arrivé à distance du canon de la première de ces îles, le brick mit en panne, et l'équipage prépara un débarquement pour faire quelques tonnes d'eau fraîche, ainsi que l'avait accordé le capitaine.

Tous les passagers se promettaient le plaisir d'une excursion à terre. Poser le pied sur un sol immobile après vingt jours et vingt nuits d'une navigation pénible, c'est une partie de plaisir que peuvent seuls apprécier ceux qui ont fait un voyage de long cours.

— Messieurs, dit le capitaine aux passagers, qu'il crut voir indécis, vous avez cinq heures pour aller à terre. Profitez de l'occasion. Vous trouverez dans cette petite île, complétement inhabitée, des sources d'eau bouillante et des sources d'eau glacée, si vous êtes naturalistes; des lapins et des perdrix rouges, si vous êtes chasseurs.

Philippe prit son fusil, des balles et du plomb.

— Mais vous, capitaine, dit-il, vous restez à bord? Pourquoi ne venez-vous pas avec nous?

— Parce que là-bas, répliqua l'officier en montrant la mer, vient un navire aux allures suspectes; un navire qui me suit depuis quatre jours à peu près; une mauvaise mine de navire, comme nous disons; et que je veux surveiller tout ce qu'il fera.

Philippe, satisfait de l'explication, monta dans la dernière embarcation et partit pour la terre.

Les dames, plusieurs passagers de l'avant ou de l'arrière ne se hasardèrent pas à descendre, ou attendirent leur tour.

On vit donc s'éloigner les deux canots avec les matelots joyeux, et les passagers plus joyeux encore.

Le dernier mot du capitaine fut celui-ci:

— A huit heures, messieurs, le dernier canot vous ira chercher : tenez-vous-le pour dit, les retardataires seraient abandonnés.

Quand tout le monde, naturalistes et chasseurs, eut abordé, les matelots entrèrent tout de suite dans une caverne située à cent pas du rivage, et qui faisait un coude comme pour fuir les rayons du soleil.

Une source fraîche, d'une eau azurée, exquise, glissait sous les roches moussues et s'allait perdre, sans sortir de la grotte elle-même, sur un fond de sables fins et mouvants.

Les matelots s'arrêtèrent là, disons-nous, et emplirent leurs tonnes, qu'ils se mirent en devoir de rouler pleines jusqu'au rivage.

Philippe les regarda faire. Il admirait l'ombre bleuâtre de cette caverne, la fraîcheur, le doux bruit de l'eau glissant de cascade en cascade ; il s'étonnait d'avoir trouvé d'abord les ténèbres les plus opaques et le froid le plus intense, tandis qu'au bout de quelques minutes la température semblait douce et l'ombre semée de clartés molles et mystérieuses. Ainsi, c'était avec les mains étendues et se heurtant aux parois des roches qu'il avait commencé par suivre les marins sans les voir; puis, peu à peu, chaque physionomie, chaque tournure s'était dessinée, éclairée ; et Philippe préférait, comme netteté, la lumière de cette grotte à celle du ciel, toute criarde et brutale en plein jour, dans ces parages.

Cependant, il entendait les voix de ses compagnons se perdre au loin. Un ou deux coups de fusil retentirent dans la

montagne; puis, le bruit s'éteignit, et
Philippe resta seul.

De leur côté, les matelots avaient accompli leur tâche; ils ne devaient plus revenir dans la grotte.

Philippe se laissa entraîner peu à peu par le charme de cette solitude et par le tourbillon de ses pensées; il s'étendit sur le sable doux et moelleux, s'adossa aux roches tapissées d'herbes aromatiques, et rêva.

Les heures s'écoulèrent ainsi. Il avait oublié le monde. A côté de lui, son fusil désarmé dormait sur la pierre, et, pour pouvoir se coucher à l'aise, il avait sorti de ses poches les pistolets qui ne le quittaient pas.

Tout son passé revenait vers lui, lentement, solennellement, comme un enseignement ou un reproche. Tout son avenir s'envolait austère comme ces oiseaux farouches qu'on touche parfois du regard ; de la main, jamais.

Pendant que Philippe rêvait ainsi, sans doute on rêvait, on riait, on espérait à cent pas de lui. Il avait la perception insensible de ce mouvement, et plus d'une fois il lui avait semblé entendre la rame des canots qui amenaient au rivage ou qui reconduisaient à bord des passagers, les uns blasés sur le plaisir de cette journée, les autres avides d'en jouir à leur tour.

Mais sa méditation n'avait pas été troublée encore, soit que l'entrée de la grotte eût échappé aux uns, soit que les autres l'ayant vue eussent dédaigné d'y entrer.

Tout à coup une ombre timide, indécise, s'interposa entre le jour et la caverne, sur le seuil même... Philippe vit quelqu'un marcher, les mains en avant, la tête baissée, du côté de l'eau murmurante. Cette personne se heurta même une fois aux rochers, son pied ayant glissé sur des herbes.

Alors Philippe se leva et vint tendre la main à cette personne pour l'aider à reprendre le bon chemin. Dans ce mouvement de courtoisie, ses doigts rencontrèrent la main du voyageur dans les ténèbres.

— Par ici, dit-il avec affabilité ; monsieur, l'eau est par ici.

Au son de cette voix, l'inconnu leva

précipitamment la tête, et s'apprêtait à répondre, montrant à découvert son visage dans la pénombre azurée de la grotte.

Mais Philippe, poussant tout à coup un cri d'horreur, fit un bond en arrière.

L'inconnu, de son côté, jeta un cri d'effroi et recula.

— Gilbert!

— Philippe!

Ces deux mots éclatèrent en même temps, comme un tonnerre souterrain.

Puis on n'entendit plus que le bruit d'une sorte de lutte. Philippe avait serré de ses deux mains le col de son ennemi, et l'attirait au fond de la caverne.

Gilbert se laissait traîner sans proférer une seule plainte. Adossé aux roches de l'enceinte, il ne pouvait plus reculer.

— Misérable ! je te tiens, enfin !... rugit Philippe. Dieu te livre à moi... Dieu est juste !

Gilbert était livide et ne faisait pas un geste; il laissa tomber ses deux bras à ses côtés.

— Oh! lâche et scélérat, dit Philippe; il n'a pas même l'instinct de la bête féroce qui se défend.

Mais Gilbert répondit d'une voix pleine de douceur :

— Me défendre! pourquoi?

—C'est vrai, tu sais bien que tu es en mon pouvoir, tu sais bien que tu as mérité le plus horrible châtiment. Tous tes crimes sont avérés. Tu as avili une femme par la honte, et tu l'as tuée par l'inhumanité. C'était peu pour toi de souiller une vierge, tu as voulu assassiner une mère.

Gilbert ne répondit rien. Philippe, qui s'enivrait insensiblement au feu de sa propre colère, porta de nouveau sur Gilbert des mains furieuses. Le jeune homme ne résista point.

— Tu n'es donc pas un homme, dit Philippe en le secouant avec rage, tu n'en as donc que le visage... Quoi ! pas même de résistance !... Mais je t'étrangle, tu vois bien, résiste donc ! défends-toi donc... lâche, lâche, assassin !...

Gilbert sentit les doigts acérés de son ennemi pénétrer dans sa gorge; il se redressa, se roidit, et, vigoureux comme un lion, jeta loin de lui Philippe d'un seul mouvement d'épaules, puis il se croisa les bras.

— Vous voyez, dit-il, que je pourrais me défendre si je voulais ; mais à quoi bon ? voilà que vous courez à votre fusil ; j'aime bien mieux être tué d'un seul coup que déchiré par des ongles et écrasé de coups honteux.

Philippe avait saisi en effet son fusil, mais, à ces mots, il le repoussa.

— Non, murmura-t-il.

Puis, tout haut :

— Où vas-tu?... comment es-tu venu ici?

— Je suis embarqué sur l'*Adonis*.

—Tu te cachais donc, tu m'avais donc vu?

— Je ne savais pas moi-même que vous fussiez à bord.

— Tu mens.

— Je ne mens pas.

— Comment se fait-il que je ne t'aie pas vu?

— Parce que je ne sortais de ma chambre que la nuit.

— Tu vois! tu te caches!

— Sans doute.

— De moi?

— Non, vous dis-je, je vais en Amérique avec une mission, et je ne dois pas être vu. Le capitaine m'a logé à part... pour cela.

— Tu te caches, te dis-je, pour me dérober ta personne..., et surtout pour cacher l'enfant que tu as dérobé.

— L'enfant! dit Gilbert.

— Oui, tu as volé et emporté cet enfant pour t'en faire une arme un jour, pour en tirer un gain quelconque, misérable!

Gilbert secoua la tête.

— J'ai repris l'enfant, dit-il, pour que personne ne lui apprît à mépriser ou à renier son père.

Philippe reprit haleine un moment.

— Si cela était vrai, dit-il, si je pouvais le croire, tu serais moins scélérat que je ne l'ai pensé; mais tu as volé, pourquoi ne mentirais-tu pas?

— Volé! j'ai volé, moi?

— Tu as volé l'enfant.

— C'est mon fils! il est à moi! On ne

vole pas, monsieur, quand on reprend son propre bien.

— Écoute, dit Philippe frémissant de colère, tout à l'heure l'idée m'est venue de te tuer. Je l'avais juré, j'en avais le droit.

Gilbert ne répondit pas.

— Maintenant, Dieu m'éclaire. Dieu t'a jeté sur mon chemin comme pour me dire: la vengeance est inutile; on ne doit se venger que quand on est abandonné de Dieu... Je ne te tuerai pas; je détruirai seulement l'édifice de malheur que tu as échafaudé. Cet enfant est ta ressource pour l'avenir, tu vas tout à l'heure me rendre cet enfant.

— Mais je ne l'ai pas, dit Gilbert. On n'emmène pas en mer un enfant de quinze jours.

— Il a bien fallu que tu lui trouves une nourrice : pourquoi n'aurais-tu pas emmené la nourrice ?

— Je vous dis que je n'ai pas emmené l'enfant.

— Alors tu l'as laissé en France? à quel endroit l'as-tu laissé?

Gilbert se tut.

— Réponds! où l'as-tu mis en nourrice, et avec quelles ressources?

Gilbert se tut.

— Ah! misérable, tu me braves, dit Philippe; tu ne crains donc pas de réveiller ma colère... Veux-tu me dire où est l'enfant de ma sœur? veux-tu me rendre cet enfant?

— Mon enfant est à moi, murmura Gilbert.

— Scélérat! tu vois bien que tu veux mourir !

— Je ne veux pas rendre mon enfant.

— Gilbert, écoute, je te parle avec douceur; Gilbert, j'essayerai d'oublier le passé, j'essayerai de te pardonner; Gilbert, tu comprends ma générosité, n'est-ce pas?... Je te pardonne!... Tout ce que tu as jeté de honte et de malheur sur notre maison, je te le pardonne; c'est un grand sacrifice...

Rends-moi cet enfant. Veux-tu plus?...
Veux-tu que j'essaye de vaincre les répugnances si légitimes d'Andrée, veux-tu que j'intercède pour toi? Eh bien... je le ferai... rends-moi cet enfant... Encore un mot... Andrée aime son fils... ton fils avec frénésie; elle se laissera toucher par ton repentir, je te le promets, je m'y engage; mais rends-moi cet enfant, Gilbert, rends-le-moi.

Gilbert croisa ses bras en fixant sur Philippe un regard plein du feu le plus sombre.

— Vous ne m'avez pas cru, dit-il, je ne

vous crois pas; non que vous ne soyez un honnête homme, mais parce que j'ai sondé l'abîme des préjugés de caste. Plus de retour possible, plus de pardon. Nous sommes ennemis mortels... Vous êtes le plus fort, soyez vainqueur... Je ne vous demande pas votre arme, moi; ne me demandez pas la mienne...

— Tu avoues donc que c'est une arme?

— Contre le mépris, oui; contre l'ingratitude, oui; contre l'insulte, oui!

— Encore une fois, Gilbert, dit Philippe l'écume à la bouche, veux-tu?...

— Non.

— Prends garde !

— Non.

— Je ne veux pas t'assassiner ; je veux que tu aies la chance de tuer le frère d'Andrée. Un crime de plus !... Ah ! ah ! c'est tentant. Prends ce pistolet ; en voici un autre ; comptons chacun jusqu'à trois, et tirons.

Et il jeta un des deux pistolets aux pieds de Gilbert.

Le jeune homme resta immobile.

— Un duel, dit-il, c'est justement ce que je refuse.

— Tu aimes mieux que je te tue! s'écria Philippe, fou de rage et de désespoir.

— J'aime mieux être tué par vous.

— Réfléchis...; ma tête se perd.

— J'ai réfléchi.

— Je suis dans mon droit : Dieu doit m'absoudre.

— Je le sais...; tuez-moi.

— Une dernière fois, veux-tu te battre?

— Non.

— Tu refuses de te défendre?

— Oui.

— Eh bien! meurs comme un scélérat dont je purge la terre, meurs comme un sacrilége, meurs comme un bandit, meurs comme un chien!

Et Philippe lâcha son coup de pistolet presque à bout portant sur Gilbert. Celui-ci étendit les bras, pencha d'abord en arrière, puis en avant, et tomba sur la face sans pousser un cri. Philippe sentit le sable s'imprégner sous son pied d'un sang tiède; il perdit tout à fait la raison, et s'élança hors de la caverne.

Devant lui était le rivage; une barque attendait; l'heure du départ avait été annoncée du bord pour huit heures; il était huit heures et quelques minutes.

— Ah! vous voilà, monsieur, lui dirent les matelots...; vous êtes le dernier...; chacun a regagné le bord... Qu'avez-vous tué?

Philippe, en entendant ce mot, perdit connaissance. On le rapporta ainsi au navire, qui commençait d'appareiller.

— Tout le monde est rentré? demanda le capitaine.

— Voici le dernier passager que nous ramenons, répondirent les matelots. Il aura fait une chute, car il vient de s'évanouir.

Le capitaine commanda une manœuvre décisive, et le brick s'éloigna rapidement des îles Açores, juste au moment où le bâtiment inconnu qui l'avait si longtemps inquiété entrait dans le port sous le pavillon américain.

Le capitaine de l'*Adonis* échangea un signal avec ce bâtiment, et rassuré, en apparence du moins, il continua sa route vers l'occident, et se perdit bientôt dans les ombres de la nuit.

Ce ne fut que le lendemain que l'on s'aperçut qu'un passager manquait à bord !

ÉPILOGUE.

Le 9 mai.

Le 9 mai de l'an 1774, à huit heures du soir, Versailles présentait le plus curieux et le plus intéressant spectacle.

Depuis le premier jour du mois, le roi

Louis XV, atteint d'une maladie terrible dont les médecins n'osaient lui avouer d'abord la gravité, gardait le lit et commençait à chercher des yeux autour de lui la vérité ou l'espérance.

Le médecin Bordeu avait signalé chez le roi une petite vérole des plus malignes, et le médecin La Martinière, qui la reconnaissait comme son collègue, opinait pour qu'on avertît le roi, afin qu'il prît spirituellement et matériellement, comme roi et comme chrétien, des mesures pour son salut et pour celui du royaume.

— Le roi très-chrétien, disait-il, devrait

se faire administrer l'extrême-onction.

La Martinière représentait le parti du Dauphin, l'opposition. Bordeu prétendait que le simple aveu de la gravité du mal tuerait le roi, et que pour sa part il reculait devant un régicide.

Bordeu représentait le parti Dubarry.

En effet, appeler la religion chez le roi, c'était expulser la favorite. Quand Dieu entre par une porte, il faut bien que Satan sorte par l'autre.

Or, pendant toutes les divisions intestines de la Faculté, de la famille et des partis, la maladie se logeait à l'aise dans ce corps vieilli, usé, gâté par la débauche; elle s'y fortifiait de telle façon, que ni remèdes ni prescriptions ne purent la débusquer.

Dès les premières atteintes du mal causé par une infidélité de Louis XV, à laquelle madame Dubarry avait prêté complaisamment la main, le roi avait vu se réunir autour de son lit ses deux filles, la favorite et les courtisans les mieux en faveur. On riait encore et l'on s'aidait.

Tout à coup parut à Versailles l'austère

et sinistre figure de Madame Louise de France; elle quittait sa cellule de Saint-Denis pour venir donner aussi à son père des consolations et des soins.

Elle entra pâle et sombre comme la statue de la Fatalité; ce n'était plus une fille pour son père, une sœur pour ses sœurs; elle ressemblait aux prophétesses antiques, qui, dans les jours lugubres de l'adversité, venaient crier aux rois éblouis : Malheur! malheur! malheur!

Elle tomba dans Versailles à une heure du jour où Louis baisait les mains de madame Dubarry et les appliquait comme de douces caresses sur son front malade, sur ses joues enflammées.

A son aspect tout s'enfuit, les sœurs se réfugièrent tremblantes dans la chambre voisine. Madame Dubarry fléchit le genou et courut à son appartement, les courtisans privilégiés reculèrent jusqu'aux antichambres, les deux médecins seuls demeurèrent au coin de la cheminée.

— Ma fille! murmura le roi en ouvrant ses yeux fermés par la douleur et la fièvre.

— Votre fille, oui, Sire, dit la princesse.

— Qui vient...

— De la part de Dieu !

Le roi se souleva, ébauchant un sourire.

— Car vous oubliez Dieu, reprit Madame Louise.

— Moi !...

— Je veux vous le rappeler.

— Ma fille ! je ne suis pas assez près de la mort, j'espère, pour qu'une exhortation soit urgente. Ma maladie est légère : une courbature, un peu d'inflammation.

— Votre maladie, Sire, interrompit la princesse, est celle qui, d'après l'étiquette, doit réunir au chevet de Sa Majesté les grands prélats du royaume. Quand un membre de la famille royale est atteint de la petite vérole, il doit être administré sur-le-champ.

— Madame!... s'écria le roi fort agité, fort pâle, que dites-vous?

— Madame! firent les médecins avec terreur.

— Je dis, continua la princesse, que Votre Majesté est atteinte de la petite vérole.

Le roi poussa un cri.

— Les médecins ne l'ont pas dit, répliqua-t-il.

— Ils n'osent; moi, je vois pour Votre Majesté un autre royaume que le royaume de France. Approchez-vous de Dieu, Sire, et passez en revue toutes vos années.

— La petite vérole! murmurait Louis XV..., maladie mortelle!... Bordeu!... La Martinière... est-ce donc vrai?

Les deux praticiens baissèrent la tête.

— Mais je suis perdu alors! répéta le roi, plus épouvanté que jamais.

— On guérit de toutes les maladies, Sire, dit Bordeu prenant l'initiative, surtout lorsqu'on conserve sa tranquillité d'esprit.

— Dieu donne la tranquillité de l'esprit et le salut du corps, répondit la princesse.

— Madame, dit hardiment Bordeu, quoiqu'à voix basse, vous tuez le roi!

La princesse ne daigna pas répondre. Elle se rapprocha du malade, et lui prenant la main qu'elle couvrit de baisers :

— Rompez avec le passé, Sire, dit-elle, et donnez l'exemple à vos peuples. Nul ne vous avertissait ; vous couriez risque d'être perdu pour l'éternité. Promettez de vivre en chrétien, si vous vivez ; mourez en chrétien, si Dieu vous appelle à lui.

Elle acheva ces mots par un nouveau baiser qu'elle déposa sur la main royale, et reprit à pas lents le chemin des antichambres. Là, elle rabattit son long voile noir sur son visage, descendit les degrés, et monta dans son carrosse, laissant derrière elle une stupéfaction, une épouvante dont rien ne saurait donner une idée.

Le roi n'avait pu reprendre ses esprits qu'à force de questionner les médecins; mais il était frappé.

— Je ne veux pas, dit-il, que les scènes de Metz avec la duchesse de Châteauroux se renouvellent, qu'on fasse venir madame d'Aiguillon et qu'on la prie d'emmener à Rueil madame Dubarry.

Cet ordre fut l'explosion. Bordeu voulut dire quelques mots : le roi lui imposa silence. Bordeu voyait, d'ailleurs, son collègue prêt à tout rapporter au Dauphin ; Bordeu savait l'issue de la maladie du roi, il ne lutta pas, et quittant la chambre royale, avertit madame Dubarry du coup qui la frappait.

La comtesse, épouvantée de l'aspect sinistre et insultant qu'avaient déjà tous les visages, se hâta de disparaître. En une heure elle fut hors de Versailles, et la duchesse d'Aiguillon, fidèle et reconnaissante amie, emmena la disgraciée au château de Rueil, qui lui venait par héritage, du grand Richelieu.

Bordeu, de son côté, ferma la porte du roi à toute la famille royale, sous prétexte de contagion. Cette chambre de Louis XV était désormais murée; il n'y devait plus entrer que la religion et la mort.

Le roi fut administré le jour même, et cette nouvelle se répandit dans Paris, où déjà la disgrâce de la favorite était un événement rebattu.

Toute la cour vint se faire annoncer chez le Dauphin, qui ferma sa porte, et ne reçut pas une personne.

Mais le lendemain le roi se portait mieux, et avait envoyé le duc d'Aiguillon porter ses compliments à madame Dubarry.

Ce lendemain, c'était le 9 mai 1774.

La cour déserta le pavillon du Dauphin et se porta en telle affluence à Rueil, où la favorite habitait, que depuis l'exil de M. de Choiseul à Chanteloup, on n'avait vu pareille file de carrosses.

Les choses en étaient donc là. Le roi vivra-t-il, et madame Dubarry est-elle toujours la reine ?

Le roi mourra-t-il, et madame Dubarry n'est-elle qu'une courtisane exécrable et honteuse?

Voilà pourquoi Versailles à huit heures du soir, le 9 mai de l'année 1774, présentait un si curieux, un si intéressant spectacle.

Sur la Place d'Armes, devant le palais, quelques groupes s'étaient formés devant les grilles, groupes bienveillants et empressés de savoir des nouvelles.

C'étaient des bourgeois de Versailles ou

de Paris, qui, avec toute la politesse imaginable, demandaient des nouvelles du roi aux gardes du corps qui arpentaient silencieusement la cour d'honneur, les mains derrière le dos.

Peu à peu ces groupes se dispersèrent : les gens de Paris prirent place dans les pataches pour rentrer paisiblement chez eux; les gens de Versailles, sûrs d'avoir les nouvelles de première main, rentrèrent également dans leurs maisons.

On ne vit plus dans la ville que des patrouilles du guet qui faisaient leur devoir un peu plus mollement que de coutume, et ce monde gigantesque qu'on appelle le palais de Versailles s'ensevelit peu à peu dans la nuit et le silence, comme le monde un peu plus grand qui le contient.

A l'angle de la rue bordée d'arbres qui fait face au palais, sur un banc de pierre, et sous le feuillage déjà touffu des marronniers, un homme d'un âge avancé était assis ce soir-là, le visage tourné vers le château, sa canne servant d'appui à ses deux mains, qui à leur tour servaient d'appui à sa tête pensive et poétique.

C'était pourtant un vieillard courbé, maladif, mais dont l'œil lançait encore une flamme, et dont la pensée flamboyait plus ardente encore que les yeux.

Il s'était abîmé dans sa contemplation, dans ses soupirs, ne voyant pas, à l'extrémité de la place, un autre personnage qui, après avoir regardé curieusement aux grilles et questionné les gardes du corps, traversait diagonalement l'Esplanade, et venait droit au banc avec l'intention de s'y reposer.

Ce personnage était un homme jeune, aux pommettes saillantes, au front déprimé, au nez aquilin, tortu, au sourire sardonique. Tout en marchant vers le banc de pierre, il ricanait, bien que seul, faisant écho par ce rire à quelque secrète pensée.

A trois pas du banc il aperçut le vieillard, et s'écarta tout en cherchant à le reconnaître de son rire oblique; seulement il craignait que son regard n'eût été interprété.

— Monsieur prend le frais? dit-il en se rapprochant par un mouvement brusque.

Le vieillard leva la tête.

— Eh! s'écria le jeune homme, c'est mon illustre maître.

— Et vous êtes mon jeune praticien, dit le vieillard.

— Voulez-vous me permettre de m'asseoir à vos côtés ?

— Très-volontiers, monsieur.

Et le vieillard fit place au nouveau venu.

— Il paraît que le roi va mieux, dit le jeune homme...; on se réjouit.

Et il poussa un nouvel éclat de rire.

Le vieillard ne répondit pas.

— Toute la journée, continua le jeune homme, les carrosses ont roulé de Paris à Rueil et de Rueil à Versailles... La comtesse Dubarry va épouser le roi sitôt qu'il sera rétabli.

Et il termina sa phrase par un éclat de rire plus bruyant que le premier.

Le vieillard ne répondit pas encore cette fois.

— Pardonnez-moi si je ris de la sorte,

continua le jeune homme avec un mouvement plein d'irritation nerveuse, c'est qu'un bon Français, voyez-vous, aime son roi, et mon roi se porte mieux.

— Ne plaisantez pas ainsi sur ce sujet, monsieur, dit doucement le vieillard, c'est toujours un malheur pour quelqu'un que la mort d'un homme, c'est souvent pour tous un grand malheur que la mort d'un roi.

— Même la mort de Louis XV? interrompit le jeune homme avec ironie. Oh! mon cher maître, vous! un si puissant philosophe, vous soutenez une thèse pareille!... Oh! je connais l'énergie et l'habileté de vos paradoxes, mais je ne vous fais pas grâce pour celui-là...

Le vieillard secoua la tête.

— Et d'ailleurs, ajouta le jeune homme, pourquoi penser à la mort du roi? Qui en parle? Le roi a la petite vérole. Nous savons tous ce que c'est; il a près de lui Bordeu et La Martinière, qui sont d'habiles gens... Je parie bien que Louis le Bien-Aimé en réchappera, mon cher maître; seulement, cette fois, le peuple français ne s'étouffe pas dans les églises, à faire des neuvaines comme du temps de la première maladie... Écoutez donc, tout s'use.

— Silence! dit le vieillard en tressaillant, silence! car je vous le dis, vous parlez d'un homme sur qui Dieu étend son doigt en ce moment...

Le jeune homme, surpris de ce langage étrange, regarda de côté son interlocuteur, dont les yeux ne quittaient pas la façade du château.

— Vous savez donc des nouvelles plus positives? demanda-t-il.

— Regardez, dit le vieillard en montrant du doigt une des fenêtres du palais; que voyez-vous là-bas?

— Une fenêtre éclairée... est-ce cela?

— Oui... mais comment éclairée?

— Par une bougie placée dans une petite lanterne.

— Précisément.

— Eh bien?

— Eh bien! jeune homme, savez-vous ce que représente la flamme de cette bougie?

— Non, monsieur.

— Elle représente la vie du roi.

Le jeune homme regarda plus fixement le vieillard, comme pour s'assurer qu'il jouissait de toute sa raison.

— Un de mes amis, M. de Jussieu, continua le vieillard, a placé là cette bougie, qui brûlera tant que le roi vivra.

— C'est un signal, alors !

— Un signal que le successeur de

Louis XV couve des yeux, là-bas, derrière quelque rideau. Ce signal, qui avertira des ambitieux du moment où commencera leur règne, avertit un pauvre philosophe comme moi du moment où Dieu souffle sur un siècle et sur une existence.

Le jeune homme tressaillit à son tour et se rapprocha sur le banc de son interlocuteur.

— Oh! dit le vieillard, regardez bien cette nuit, jeune homme; voyez ce qu'elle renferme de nuages et de tempêtes...; l'aurore qui lui succédera, je la verrai, sans doute, car je ne suis pas assez vieux pour ne pas voir le jour de demain. Mais un règne va peut-être commencer, que vous verrez jusqu'à la fin, vous, et qui renferme, comme cette nuit..., des mystères que moi je ne verrai pas... Il n'est donc pas sans intérêt pour mon regard, le feu de cette bougie tremblotante dont je viens de vous expliquer le sens.

— C'est vrai, murmura le jeune homme, c'est vrai, mon maître.

— Louis XIV, continua le vieillard, a régné soixante-treize ans; combien Louis XV régnera-t-il?

— Ah! s'écria le jeune homme en montrant du doigt la fenêtre qui venait tout à coup de s'ensevelir dans l'obscurité.

— Le roi est mort! dit le vieillard, en se levant avec une sorte d'effroi.

Et tous deux gardèrent le silence pendant quelques minutes.

Tout à coup, un carrosse attelé de huit chevaux partit au galop de la cour du palais. Deux piqueurs le précédaient, tenant chacun une torche à la main.

Dans le carrosse étaient le dauphin, Marie-Antoinette et Madame Élisabeth, sœur du roi.

La lumière des flambeaux éclairait sinistrement leurs visages pâles. Le carrosse vint passer près des deux hommes, à dix pas du banc.

— Vive le roi Louis XVI ! vive la reine ! cria le jeune homme d'une voix stridente, comme s'il insultait cette majesté nouvelle au lieu de la saluer.

Le dauphin salua ; la reine montra son visage, triste et sévère. Le carrosse disparut.

— Mon cher monsieur Rousseau, dit alors le jeune homme, voilà madame Dubarry veuve!

— Demain elle sera exilée, dit le vieillard. Adieu, monsieur Marat...

FIN DE BALSAMO.

LETTRES
SUR LE MAGNÉTISME.

LETTRES SUR LE MAGNÉTISME.

I

Pendant que nous écrivions Balsamo, nous reçûmes une telle quantité de lettres ayant rapport au magnétisme, les unes critiques, les autres louangeuses, qu'il y avait des jours où nous doutions de la vérité de ce que nous avions écrit, et d'autres où ce que nous faisions accomplir à notre héros ne nous apparaissait plus que comme un jeu d'enfant qui faisait sourire ceux qui étaient plus avancés que nous dans la question.

L'introduction de ce nouveau moyen dramatique dans notre œuvre préoccupait bien des gens, et de tous ces gens-là nous n'étions peut-être pas le moins préoccupé.

En effet nous agissions d'après une conviction, mais non d'après une certitude : car, je dois le dire, avec cette franchise qui me caractérise, je n'avais jamais vu une séance de magnétisme.

Il est juste de dire, en revanche, que j'avais à peu près lu tout ce qui avait été écrit sur le magnétisme.

D'après ces lectures, une conviction était donc passée en mon esprit, c'est que je n'avais rien fait faire à Balsamo qui n'eût été fait, ou tout au moins ne fût faisable.

Cependant, dans notre époque de doute, il me parut qu'une seule conviction ne suffisait pas, et qu'il en fallait deux : une conviction de fait, si l'on peut dire cela, et une conviction de droit.

J'avais déjà la conviction de droit ; je résolus de rechercher la conviction de fait.

Je priai M. Marcillet de venir passer la journée à Monte-Christo, avec son somnambule Alexis.

Depuis le jour où cette invitation avait été faite un accident était arrivé dans la maison, qui m'eût fait désirer, si la chose eût été possible, de remettre la séance à un autre jour.

Mon pauvre Arabe Paul, que le lecteur

se rappelle peut-être avoir connu dans le Véloce sous le nom d'Eau de Benjoin, était tombé malade, et la maladie avait fait de tels progrès qu'il était sans connaissance. J'eusse donc, comme je vous le disais, désiré remettre la séance à un autre jour. Malheureusement, quelques amis étaient prévenus, à qui je n'eusse pas eu le temps de donner avis de la remise, et qui fussent venus inutilement à Saint-Germain. Or, aux amis qui font cinq lieues par la pluie, on doit bien quelque concession, et je leur fis celle de ne rien changer aux dispositions prises, malgré la triste préoccupation où me plongeait l'état désespéré du malade.

A deux heures, tout le monde était réuni.

La scène se passait dans un salon, au second.

On prépara une table; sur cette table, on étendit un tapis; sur ce tapis, on posa deux jeux de cartes encore enfermés dans leur enveloppe timbrée de la régie, du papier, des crayons, des livres, etc.

M. Marcillet endormit Alexis, sans faire un seul geste, et par la seule puissance de sa volonté.

Le sommeil fut cinq ou six minutes à venir. Quelques tressaillements nerveux et une légère oppression le précédèrent. Il y avait surabondance de fluide. M. Marcillet enleva cette surabondance par plusieurs passes ; le sommeil devint plus calme, et au bout d'un instant fut complet.

Alors, deux tampons de ouate furent faits et posés sur les yeux d'Alexis; un mouchoir assura les tampons sur les yeux ; deux autres mouchoirs, posés en sautoir et noués derrière la tête, détruisirent jusqu'à la supposition qu'il était possible au somnambule de voir par l'organe naturel, c'est-à-dire par les yeux.

Le fauteuil où dormait le somnambule fut roulé vers une table; de l'autre côté de la table s'assit M. Bernard : une partie d'écarté commença.

En touchant les cartes, Alexis déclara qu'il se sentait parfaitement lucide, que par conséquent on pouvait exiger de lui tout ce qu'on voudrait. Il paraissait effectivement, au milieu de son sommeil, en proie à une vive agitation nerveuse.

Trois parties d'écarté se firent sans

qu'Alexis relevât une seule fois ses cartes ; constamment il les vit couchées sur la table, les retournant pour jouer et annonçant d'avance quelle carte il jouait. Pendant les trois parties il vit également dans le jeu de son adversaire, que son adversaire relevât ses cartes ou les laissât sur la table.

Plusieurs personnes manifestèrent le désir de voir M. Bernard céder sa place. M. Bernard se retira ; M. Charles Ledru s'assit à son tour en face d'Alexis.

La lucidité allait croissant. Alexis annonçait les cartes au fur et à mesure que M. Ledru les donnait.

Enfin, il repoussa le jeu en disant :

— C'est trop facile. Autre chose.

On prit un livre au hasard parmi les volumes posés sur la table, et complétement inconnus au somnambule. C'était un *Walter Scott*, traduction de Louis Vivien, *Eaux de Saint-Ronan*.

Le somnambule l'ouvrit au hasard, à la page 229.

— A quelle page voulez-vous que je lise? demanda-t-il.

— A la page 249, répondit Maquet.

— Peut-être sera-ce un peu difficile; le caractère est bien fin. N'importe, je vais essayer.

Puis il prit un crayon, traça une ligne aux deux tiers de la page.

— Je vais lire à cette hauteur, ajouta-t-il.

— Lisez, lui dit M. Marcillet.

Et il lut sans hésitation, écrivant les yeux bandés, les deux lignes suivantes :

« Nous ne nous arrêterons pas sur les difficultés inséparables du transport. »

L'impatience fit qu'on ne lui laissa pas lire plus loin. Nous lui prîmes le livre des mains; et à la page 249, aux deux tiers de la page, à la trenté-cinquième ligne commençant un alinéa, nous lûmes exactement les mêmes paroles que venait d'écrire Alexis; il avait lu à travers dix-neuf pages.

Maquet fut invité à prendre le crayon,

à écrire un mot et à renfermer le papier sur lequel il serait écrit sous double enveloppe.

Il se retira à l'écart, seul, et sans que personne sût ce qu'il devait écrire; le mot écrit et bien enfermé, il rapporta la double enveloppe, pliée encore en deux, au somnambule.

Alexis toucha l'enveloppe.

— C'est facile à lire, dit-il, car l'écriture est belle.

Alors, prenant le crayon à son tour, il

écrivit dans le même caractère, et comme s'il l'eût décalqué, le mot ORGUE sur la seconde enveloppe.

On tira le papier de son fourreau. Non-seulement le mot ORGUE était écrit dessus, mais encore l'écriture de Maquet et celle d'Alexis étaient presque identiques.

Alors il me vint l'idée de lui parler du pauvre malade, et je lui demandai s'il croyait pouvoir distinguer à distance. Il me répondit qu'il se sentait dans son jour de lucidité, et qu'il ferait tout ce que je lui ordonnerais de faire.

Je lui pris la main et lui ordonnai de voir dans la chambre de Paul.

Alors il se tourna vers un point du salon et leva les yeux cherchant à percer la muraille.

— Non, il n'est plus là, dit-il, on l'a changé de place.

C'était vrai, la veille on avait transporté le malade dans une autre chambre.

— Ah! il est ici, fit-il en s'arrêtant vers le point où Paul se trouvait réellement.

— Voyez-vous? demandai-je.

— Oui, je vois.

— Dites ce que vous voyez.

— Un homme déjà vieux; non, je me trompe; j'ai cru qu'il était vieux, parce qu'il est noir, pas nègre cependant, mulâtre. Je verrais mieux encore si l'on me donnait de ses cheveux.

Un domestique monta et alla couper des cheveux au malade.

— Ah! dit le somnambule, on lui coupe

les cheveux derrière la tête; les cheveux sont courts, noirs et crépus.

On lui apporta les cheveux.

— Oh! dit-il, il est très-malade, le sang se porte violemment à ses poumons, il étouffe. — Oh! c'est singulier! Qu'a-t-il donc sur la tête? cela ressemble à un bourrelet.

— En effet, lui dis-je, c'est une vessie pleine de glace.

— Non, répondit-il; la glace est fondue, il n'y a plus que de l'eau. Le malade est atteint d'une fièvre typhoïde.

— Croyez-vous que le médecin somnambule, M. Victor Dumets, puisse quelque chose pour lui?

— Beaucoup plus que moi ; je ne suis pas médecin.

— Croyez-vous qu'il ne soit pas trop tard de l'aller chercher demain?

— Il est tard déjà, car le malade est en grand danger; mais demain il vivra encore. S'il lui arrive malheur, ce ne sera que mardi. Mais s'il vit encore sept jours, il est sauvé.

Trois femmes assistaient à la séance.

J'emmenai l'une d'elles dans une chambre séparée du salon par l'antichambre, et, dans cette chambre, les portes fermées, elle écrivit quelques mots sur un morceau de papier, plia le papier, et posa une main de marbre sur le tout.

Nous rentrâmes.

— Pouvez-vous lire ce que madame vient d'écrire? lui demandai-je.

— Oui, je le crois.

— Savez-vous où est le papier sur lequel elle a écrit?

— Sur la cheminée; je le vois très-bien.

— Lisez alors.

Au bout de quelques secondes:

— Il y a trois mots, dit-il.

— C'est vrai; mais quels sont ces trois mots?

Il redoubla d'efforts.

— Oh! je vois, dit-il, je vois.

Il prit un crayon et écrivit :

— Impossible à lire.

On alla chercher le papier. C'étaient bien les trois mots qui étaient écrits dessus. Alexis avait lu, non-seulement à distance, mais à travers deux portes et une muraille.

— Pourriez-vous lire l'une des lettres qui se trouvent dans la poche de l'un ou de l'autre de ces messieurs? demanda M. Marcillet.

— Je peux tout dans ce moment-ci, je vois très-bien.

— Messieurs, une lettre.

M. Delaage tira une lettre de sa poche, et la remit à Alexis.

Il l'appuya contre le creux de son estomac.

— C'est d'un prêtre, dit-il.

— C'est vrai.

— C'est de l'abbé Lacordaire. — Non. — Attendez. — Non. — Mais c'est de quelqu'un qui a beaucoup d'analogie dans le talent avec lui.

— Ah! c'est de M. l'abbé Lamennais.

— Oui.

— Voulez-vous que je vous en lise quelque chose?

— Oui, lisez-nous la première ligne.

Presque sans hésitation, Alexis lut:

— « J'ai reçu, mon très-cher ami... »

On ouvrit la lettre, elle était de M. de Lamennais, et la première ligne était exactement ce qu'Alexis venait de transcrire.

— Une autre, demanda le somnambule.
Esquiros tira de sa poche un papier plié en quatre.

— C'est la même écriture que l'autre, dit Alexis. Ah! c'est singulier; il y a un mot qui n'est pas de la même main. Tiens, c'est votre signature.

— Non, dit Esquiros, vous vous trompez.

— Ah! par exemple. Je lis Esquiros. Tenez, tenez, et il me montrait le papier, ne lisez-vous pas là, là, Esquiros?

Je ne pouvais pas lire, le papier était fermé.

— Ouvrez le papier, lui dis-je, et voyons.

Il ouvrit le papier.

Le papier contenait un laissez-passer de M. de Lamennais, et effectivement était contre-signé Esquiros à l'un de ses angles. Esquiros avait oublié le contre-seing, Alexis l'avait lu.

Comme on le voit, la lucidité était arrivée au plus haut degré.

Maquet s'approcha de lui, la main fermée.

— Pouvez-vous voir ce que j'ai dans la main ? dit-il.

— Otez vos bagues, la vue de l'or me gêne.

Maquet, sans ôter ses bagues, se retourna et passa l'objet de la main droite dans la main gauche.

— Ah ! très-bien, dit Alexis, maintenant je vois, c'est... une rose... très-flétrie.

Maquet venait de ramasser la rose à terre et l'on avait marché dessus.

— Êtes-vous fatigué ? lui demandai-je.

— Oui, répondit-il ; mais si cependant

vous deviez faire encore une expérience, je vois à merveille.

— Voulez-vous que j'aille prendre un objet dans ma chambre, et que je vous l'apporte dans une boîte?

— Très-bien.

— Pourrez-vous voir à travers la boîte?

— Je le crois.

J'allai dans ma chambre, seul. J'enfermai un objet dans une boîte en carton, et je l'apportai à Alexis.

— Ah! c'est singulier, dit-il. Je vois des lettres, mais je ne puis pas lire; l'objet vient d'outre-mer; cela a la forme d'un médaillon, et cependant c'est une croix; oh! que de pierres brillantes autour; je ne puis pas dire le nom de l'objet, je ne le connais pas, mais je pourrais le deviner.

C'était un nishan; ces lettres, qu'Alexis ne pouvait pas lire, c'était la signature du bey de Tunis.

L'objet, comme on le voit, venait bien d'outre-mer. Il avait la forme d'un médaillon, et cependant c'était une croix, ou une décoration, ce qui est à peu près synonyme.

Après cette dernière expérience, Alexis était fatigué : on le réveilla.

C'est ma réponse à toutes les questions qu'on peut me faire sur Balsamo. Je n'en connais pas de meilleure.

Ont signé avec moi, comme assistant à la séance et attestant la vérité de tout ce que je viens de vous dire, MM. A. Maquet, A. Esquiros, Barrye, etc.

II

Cependant il se passait en moi ce qui se passe dans l'esprit de tous ceux qui font un pas dans la science : je doutais en avançant.

Aussi, après cette première séance, je me fis cette interpellation :

— Le sujet dort-il, ou fait-il semblant de dormir? Ce qui pouvait se traduire par ces mots : Y a-t-il compérage entre le magnétisé et le magnétiseur?

La question était difficile à résoudre. Ce n'était ni au magnétiseur ni au magnétisé qu'il fallait en demander la solution. Ils étaient trop intéressés dans la question pour que leur témoignage ne fût point attaquable au premier chef.

Aussi me disais-je tout bas : « Je ne croirai bien sincèrement que lorsque j'aurai endormi un somnambule moi-même, et sans qu'il sache que je l'endors. »

Le hasard vint résoudre victorieusement mon doute.

Le dimanche qui suivit notre première séance, Alexis m'avait demandé à jouer la *Fiole de Cagliostro* sur le théâtre de Saint-Germain ; il désirait se faire voir par moi dans un rôle d'amoureux. J'avais arrangé l'affaire avec le directeur du théâtre, et il avait été convenu qu'Alexis, dans la soirée du susdit dimanche, jouerait le rôle de Derval, et sa femme celui de Déjazet.

Le dimanche est le jour où je reçois plus particulièrement mes amis, et dimanche j'avais belle et bonne réunion.

Cette réunion se composait de MM. Louis Boulanger, Séchan, Diéterle, Despléchin, Delanoue, Jules de Lesseps, Collin, Delaage, Bernard, Monge, Muller, etc.

M. Jules de Lesseps avait en outre amené deux de ses amis à lui, qui, pour la première fois, me faisaient l'honneur de me visiter.

L'autre moitié du genre humain, — la plus belle, eût dit M. Demoustier, — avait aussi ses représentants.

Toute cette société était venue, chacun m'avait dit pour moi; mais, aux questions qu'on m'avait faites sur Alexis et M. Marcillet, il était facile de deviner que l'espoir d'une séance magnétique n'était pas absolument étranger à cette réunion un peu plus nombreuse que de coutume.

Aussi le désappointement fut-il grand lorsque j'annonçai qu'Alexis jouant le soir, je n'avais pas cru devoir commettre l'indiscrétion de lui demander une séance le jour où il jouait.

A trois heures, toutes les espérances furent cependant ranimées par cette annonce qu'Alexis était au jardin. On se précipita pour voir au moins le somnambule, puisqu'on ne pouvait voir le somnambulisme, et le dernier espoir s'évanouit quand on vit qu'Alexis était venu seul avec sa femme, et avait oublié M. Marcillet à Paris.

Alexis fut fort grondé de cet oubli, et surtout par moi. J'avais à remercier une fois encore M. Marcillet de sa dernière séance, et cette occasion m'était enlevée, au moins pour ce dimanche-là.

Les autres regrets manifestés hautement et sincèrement étaient un peu plus égoïstes que les miens. Je regrettai M. Marcillet pour lui-même; les autres qui ne le connaissaient pas, le regrettaient pour Alexis.

Quelques gouttes d'eau tombèrent; on monta au salon.

On avait témoigné de tous côtés à Alexis un si vif désir de lui voir opérer quelqu'un de ses miracles qu'il avait fini par dire que si quelqu'un de la société se chargeait de l'endormir, il était prêt à faire tout ce que l'on voudrait.

Chacun se regarda, mais personne n'osa tenter l'épreuve.

M. Bernard s'approcha de moi.

— Endormez-le, me dit-il tout bas.

— Moi, est-ce que je sais endormir les gens autre part qu'au théâtre et dans les bibliothèques? est-ce que je sais faire vos passes, injecter le fluide, communiquer la sympathie?

— Ne faites rien de cela; endormez-le par la simple force de votre volonté.

— Que faut-il faire dans ce cas-là?

— Dites en vous-même : Je veux qu'Alexis dorme.

— Et il dormira?

— C'est probable ; vous devez avoir une volonté de tous les diables.

— C'est possible ; mais alors j'ai de la volonté, comme M. Jourdain faisait de la prose, sans le savoir.

— Essayez toujours.

— Mais il cause avec sa femme et Delanoue.

— Cela ne fait rien.

— On se moquera de moi si je ne réussis pas.

— Qui le saura? puisque vous ne direz pas une parole, puisque vous ne ferez pas un geste, puisque vous l'endormirez d'ici, enfin, en ayant l'air de causer avec moi.

— Ah! comme cela je le veux bien.

Je croisai les bras, je réunis toutes les puissances de mon libre arbitre, je regardai Alexis et je dis en moi-même :

— Je veux qu'il dorme.

Alexis chancela, comme frappé d'une balle, et tomba à la renverse sur le canapé.

Il n'y avait point de doute, au moins pour moi ; la puissance magnétique avait agi avec l'instantanéité et presque la violence de la foudre.

Mon premier sentiment fut un sentiment de terreur : en se renversant, Alexis, surpris par le fluide au moment où il s'y attendait le moins, avait poussé un cri. Il était agité d'un violent tremblement nerveux, et ses yeux étaient presque entièrement retournés dans l'orbite.

Je ne fus pas le seul à avoir peur ; seulement, j'avais doublement peur, attendu que je connaissais la cause de l'accident.

En sentant ma main, Alexis me reconnut.

— Ah! me dit-il, ne me faites jamais une pareille chose sans me prévenir : vous me tueriez.

— Mon Dieu! lui dis-je, qu'éprouvez-vous donc?

— Une grande secousse nerveuse; cela

va se calmer, surtout si vous m'ôtez le fluide qui me pèse sur l'estomac.

— Mais comment vous ôter ce fluide? Je n'en sais absolument rien, moi.

— En l'écartant avec vos deux mains.

Je me mis à écarter le fluide du mieux que je pus, et, au bout de quelques secondes, Alexis respira plus facilement.

— Ah! dit-il, cela va mieux.

— Assez bien pour nous donner une séance?

— Oui, seulement ne me faites pas lire; vous avez imprimé à mes nerfs une telle secousse, que tous les objets semblent bondir à mes yeux.

— Jouerez-vous aux cartes?

— Oui, à merveille.

— Pourrez-vous reconnaître les objets, dire d'où ils viennent?

— Oui.

— Pourrez-vous voyager, voir à distance?

— Oh! parfaitement. Je suis, sous certains rapports, plus lucide que je ne l'ai jamais été.

— Eh bien, une partie de cartes, avec Séchan, tenez; c'est l'incrédule de la société.

— N'importe.

J'approchai Alexis de la table; Séchan lui banda les yeux lui-même avec du coton et trois mouchoirs de poche. Il était de toute impossibilité que le somnambule pût voir.

Alexis fit deux parties de cartes sans regarder une fois ses cartes; il les prenait dans son jeu étalé sur la table sans se tromper une fois.

A la fin de la seconde partie, on tint Alexis quitte de cet exercice, si extraordinaire qu'il fût, tant on était pressé de le voir passer à des choses plus sérieuses.

Collin s'approcha le premier de lui, et tirant une bague de son doigt :

— Pouvez-vous me faire l'histoire de cette bague? demanda-t-il.

— Parfaitement.

— Eh bien, dites.

— Cette bague vous a été donnée en 1844, c'est-à-dire la pierre seulement.

— Oui, c'est vrai.

— Vous avez fait monter la pierre un mois après.

— C'est encore vrai.

— Elle vous a été donnée par une femme de trente-cinq ans.

— C'est cela même. Maintenant, pouvez-vous me dire où est cette dame ?

— Oui.

Il chercha quelques instants.

— Mettez-vous d'accord avec M. Dumas, avant toute chose, ou je ne puis continuer ; il m'emmène en Amérique tandis que vous me retenez à Paris.

En effet, vers 1844, j'avais vu plusieurs fois une dame américaine au bras de Collin. J'avais cru, fort témérairement sans doute, que la bague venait d'elle, et j'emmenais effectivement Alexis à New-York, quelques efforts que fît Collin pour le retenir à Paris.

Nous passâmes avec Collin dans une chambre voisine.

— Ce n'est donc pas l'Américaine? lui demandai-je.

— Non, en vérité, c'est une personne que tu ne connais pas.

— Et qui demeure?

— Rue Sainte-Appoline.

— Ah! très-bien. — Nous rentrâmes, ayant cette fois une seule et même pensée.

— Eh bien, dis-je à Alexis, nous sommes d'accord; cherchez maintenant.

— Ah! je suis dans une rue qui longe le boulevard, seulement je ne la connais pas.

— Eh bien, lisez son indication à l'angle.

— J'aime bien mieux la lire dans votre esprit.

Alexis prit un crayon et écrivit :

— Sainte-Appoline.

A peine achevait-il de tracer la dernière lettre, que l'on m'annonça que quelqu'un me demandait en bas.

Je descendis et reconnus un de mes anciens amis, l'abbé V***.

— Ah ! lui dis-je, mon cher abbé,

vous arrivez à merveille. Je suis en ce moment en train d'expérimenter sur l'âme; je voudrais en arriver à démontrer ce que vous prêchez si bien : son immortalité.

— Et de quelle façon expérimentez-vous ?

— Vous allez voir. Montez.

Nous montâmes. L'abbé V*** était en redingote, et ne portait sur lui absolument rien qui pût indiquer sa profession.

En arrivant, je plaçai sa main dans celle d'Alexis.

— Pouvez-vous me dire, lui demandai-je, qui est ce monsieur, et ce qu'il fait ?

— Oui, à merveille, car monsieur a la foi ; c'est même un excellent chrétien.

— Mais, sa profession ?

— Docteur.

— Vous vous trompez, Alexis.

— Oh ! je m'entends : il y a les docteurs du corps et les docteurs de l'âme ; monsieur est docteur de l'âme, monsieur est prêtre.

Chacun se regarda. L'étonnement était profond.

— Maintenant, demandai-je, pouvez-vous dire où monsieur exerce ses fonctions ?

— A merveille. Oh ! ce n'est pas loin ; c'est dans un immense bâtiment, à trois ou quatre lieues d'ici. Tiens ! je vois des jeunes gens en uniforme ; ils sont boutonnés depuis le col jusqu'à la ceinture.

— Y en a-t-il beaucoup ?

— Oui, beaucoup. Monsieur est aumônier d'un collége militaire.

—Pouvez-vous dire lequel?

—Sans doute : le nom du collége est-il sur les boutons?

J'interrogeai M. Villette du regard.

— Oui, dit-il.

— Lisez, Alexis.

Alexis parut tendre toute la puissance de son regard sur un point de la chambre.

— Collége ***, dit-il.

La seconde révélation était peut-être encore plus miraculeuse que la première.

Diéterle lui présenta un petit paquet tout fermé.

— Qu'y a-t-il là dedans? demanda-t-il.

— Des cheveux de deux personnes différentes, de deux enfants.

— Oui, ouvrez le papier, et dites-nous leur sexe et leur âge.

— Il y a les cheveux d'un petit garçon et ceux d'une petite fille. Voici les cheveux du petit garçon, voici ceux de la petite fille.

— Quel âge ont-ils?

— Le garçon est le plus jeune.

— Pouvez-vous spécifier leur âge?

— Le garçon me semble encore au maillot. Quant à la petite fille, je la vois mal. Je ne sais à quoi cela tient; cependant, il me semble qu'elle court dans un jardin et qu'elle a quatre ans à peu près.

— Leurs noms?

— Il me semble que le garçon s'appelle Jules.

— Et la fille?

— La fille, je vous ai déjà dit que je ne la voyais pas bien.

— Êtes-vous fatigué?

— Oui, j'ai toujours les nerfs bouleversés.

— Que désirez-vous faire?

— Je désire voyager.

— Dans quel pays?

— Où l'on voudra m'emmener, peu m'importe.

Je fis signe à M. de Lesseps.

M. de Lesseps s'approcha.

— Nous allons là-bas? lui demandai-je.

— Oui, répondit-il.

Là-bas, dans mon esprit et dans celui de M. de Lesseps, c'était Tunis. M. de Lesseps a habité Tunis vingt ans, je crois.

Il donna la main à Alexis.

— Partons, dit-il.

— Ah! bien, dit Alexis, nous voilà dans un port de mer. A merveille! Nous nous embarquons. Oh! oh! nous allons en Afrique à ce qu'il paraît. Il fait chaud.

— Justement, nous sommes en rade. Voyez-vous la rade?

— Parfaitement; elle forme un grand fer à cheval, avec un cap à l'extrême droite ; ce n'est pas Alger, ce n'est pas Bone, c'est une ville dont je ne sais pas le nom.

— Que voyez-vous?

— Comme un fort à droite, comme une ville à gauche.

Ah! nous suivons un canal; ah! voilà un pont. Baissons-nous.

Boulanger et moi nous nous regardâmes, nous étions au comble de l'étonnement. Les arches de ce pont sous lequel Alexis nous invitait à passer en nous baissant sont si peu échancrées, que nous avions failli nous tuer en passant dessous.

— C'est cela, Alexis, très-bien. Continuons! nous écriâmes-nous, M. de Lesseps, Boulanger et moi.

— Tiens, nous n'étions pas arrivés, dit Alexis. Nous nous rembarquons; la ville est encore à deux ou trois lieues. Ah! nous y voilà.

— Entrons-nous dans la ville ; ou voyageons-nous aux environs? demanda M. de Lesseps.

— Comme vous voudrez.

— Au Bardo! dis-je tout bas à M. de Lesseps.

Il me fit signe que c'était là qu'il allait conduire Alexis.

Le Bardo est le palais du bey.

— Nous laissons la ville à gauche, et

nous continuons notre route, dit M. de Lesseps.

— Oh! que de poussière! Nous faisons une lieue..., une lieue et demie... Il me semble que nous passons sous une voûte... Ah! je vois un monument... Oh! quelle singulière architecture! on dirait un grand tombeau.

On sait que les palais turcs ressemblent fort à des sépulcres.

— Entrez.

— Je ne puis, il y a une sentinelle noire qui me barre le passage.

— Dites-lui que vous êtes avec moi, dit M. de Lesseps.

— Ah! la voilà qui s'écarte. Nous sommes dans la cour, nous montons plusieurs marches... Où faut-il que j'aille maintenant?

— Dans le salon de réception.

— J'y suis.

— Décrivez-le.

— Il y a des arcades, il est tout sculpté comme la chambre arabe de M. Dumas, seulement la sculpture est peinte en certains endroits.

— Levez la tête au plafond, que voyez-vous ?

— Un plafond sculpté, on dirait en bois.

— Est-il peint ?

— Oui.

— De quelle couleur ?

—En rouge et en bleu.

— Vous n'y voyez rien de particulier?

— Si fait, des rayons d'or qui partent du centre et s'étendent dans toutes les directions.

— C'est cela, dit M. de Lesseps. A un autre.

En effet, il était impossible de faire une description plus exacte du port de Tunis, du canal de la Goulette et du salon de réception du bey.

Delanoue s'approcha.

— Un instant, un instant, dit madame L. P., c'est le tour des femmes. Voulez-vous me dire quelque chose, à moi, monsieur Alexis?

— Tout ce que vous voudrez.

— Alors, dites-moi d'où me vient cette petite médaille?

Madame L. P. tira de sa poitrine une petite médaille suspendue à une chaîne d'or.

Alexis l'appuya contre son front.

— Cette médaille est bénie, dit-il.

— Oui.

— Elle vous a été donnée en 1844.

— Oui.

— Au mois d'août.

— En effet, je m'appelle Louise, et elle m'a été donnée le jour de ma fête. Mais par qui m'a-t-elle été donnée ?

— Elle vous a été donnée à 4 heures du soir.

— Par qui ?

— Par un monsieur vêtu de noir. Dites son nom tout bas à M. Dumas, et je vous le dirai.

Nous allâmes dans l'embrasure d'une fenêtre.

Madame P. me dit le nom.

— Allons, je sais le nom; dites-le, Alexis.

Alexis prit un crayon et écrivit le mot :
CHARLES.

Alexis jouait le soir, comme je l'ai dit ; l'heure était avancée.

— Allons, Alexis, lui dis-je, je crois qu'il est temps que je vous éveille.

— Eh bien, éveillez-moi.

— Comment cela ? Je n'ai aucune idée de la façon dont on réveille.

— Comment m'avez-vous endormi ?

— Par la force de ma volonté.

— Eh bien, éveillez-moi de même.

Alexis me donna la main, je prononçai mentalement les mots : Éveillez-vous, et Alexis rouvrit les yeux.

Voici comment s'est passée notre seconde séance. J'ai nommé mes témoins, presque tous appartiennent aux arts ou à la diplomatie. L'un d'eux appartient à l'Église.

Tous sont prêts à affirmer que je ne me suis pas d'un seul mot écarté de la vérité.

III

N'est-ce pas qu'il a bien du talent comme décorateur mon ami Séchan et qu'il a fait deux magnifiques toiles, dans Monte-Christo : le château d'If vu de nuit.

Le port de Marseille, vu de jour.

Quand je dis Séchan, je dis la raison sociale, Séchan, Diéterle et Despléchin.

Vous me demanderez pourquoi Séchan et ses décors dans tout cela ? Vous allez le savoir. Séchan, en réponse à l'insertion de notre seconde séance, a écrit une lettre qui ressemblait assez à un démenti.

Moi je suis plus libéral qu'Apelle, je ne circonscris pas le cordonnier à la chaussure.

Après avoir lu la lettre de mon ami Séchan je l'ai relue.

Et j'ai dit à part moi :

— Après tout, je puis me tromper : il n'y a que le pape et la censure qui soient infaillibles, et encore!

Et j'avais d'autant mieux le droit de me dire cela que, nulle part, je n'ai écrit : je crois.

Partout j'ai dit : je cherche.

Oh mon Dieu oui, je cherche : tout esprit un peu élevé a passé sa vie à chercher une chose.

Diogène a cherché la vérité, Cicéron l'éloquence, Nicolas Flamel la pierre philosophale, Galilée le mouvement terrestre; Colomb l'Amérique, Vasco de Gama l'Inde, Newton la pondération des astres, Herder la circulation du sang, Franklin l'électricité, Fulton la vapeur.

Ils ont tous trouvé ce qu'ils cherchaient.

Moi je cherche ce qu'ont cherché tous les philosophes anciens et modernes, ce qu'ils n'ont pas trouvé, ce que je ne trouverai probablement pas plus qu'eux.

Je cherche l'âme.

C'est absurde, je le sais bien, mais au moins, la recherche offre un avantage : elle détache les yeux de la terre, et il s'y passe de si vilaines choses sur la terre !

— Pouah ! — comme dit Hamlet, cet autre rêveur, cet autre fou, cet autre poëte qui, lui aussi, cherchait l'âme, et qui est mort, en disant : peut-être.

— Tu ferais bien mieux, me dira Séchan, de chercher la porte de la Chambre, ou celle de l'Institut, et de te faire député ou académicien plutôt que magnétiseur !

— Merci, Séchan.

Séchan m'aime beaucoup, malgré sa lettre: nous sommes de vieux amis, nous avons conspiré ensemble. Dans ce temps-là nous cherchions la liberté, cette âme des peuples presque aussi introuvable, presque aussi invisible, presque aussi fugitive que l'âme des hommes.

Car, je l'avoue, l'âme des hommes est fugitive, invisible, introuvable.

Et cependant je me dis comme Galilée, en frappant non pas la terre du pied, mais mon front du poing :

— L'âme existe.

Causons un peu de l'âme. Voulez-vous?

— Avez-vous jamais vu mourir une créature humaine, avez-vous suivi le passage de la vie à la mort ?

— Oui.

— Avez-vous vu finir un spectacle, la toile tomber, puis se relever un instant après sur le théâtre vide, sombre et silencieux ?

— Oui.

— Ce sont deux cadavres, sans âme.

L'âme est partie pour le corps, avec le souffle, le mouvement, la parole.

L'âme est partie pour le théâtre, avec la lumière, les décorations, les acteurs.

C'est exactement la même chose.

Les médecins nous montrent la vie dans l'ensemble des phénomènes qu'elle produit; mais leur science s'arrête à l'examen des fonctions vitales. De la puissance qui fait vivre la vie, pas un mot.

La science, si élevée qu'elle soit, n'a pas encore atteint là.

C'est la Jungfrau, c'est la montagne vierge, à la cime de laquelle a pu atteindre la seule foi.

Et cependant quand un mécanicien me montre une machine, Dieu vous garde des mécaniciens ! après m'avoir montré tous les rouages, il me fait connaître le moteur. Si le moteur est absent, les rouages sont immobiles et muets.

Immobiles et muets comme le cadavre, et comme le théâtre.

Le cadavre, le théâtre et la machine sont en repos.

Mais qu'est-ce que le repos? une déclaration négative, l'absence du mouvement : voilà tout.

Faites rentrer la vie dans le corps, les acteurs dans le théâtre, le moteur dans la machine, et le mouvement renaîtra.

L'âme, toujours l'âme !

Peut-être dira-t-on, que la pensée n'est qu'un produit organique. Faire de la pensée avec de la matière, cela me paraît en vérité plus impossible encore que l'âme.

D'ailleurs les animaux ont la pensée

comme nous. Ils pensent à manger, à dormir, à faire l'amour.

Seulement il existe une petite différence entre eux.

Ils sont dirigés par leur organisation, et l'homme par son intelligence.

Les animaux ont des besoins, des appétits qui les courbent éternellement vers la terre.

L'homme a des désirs et des aspirations qui tendent éternellement au ciel.

L'homme progresse, l'animal est stationnaire.

Chaque jour l'homme fait un pas vers la perfectibilité : peut-être dans mille, dans dix mille, dans cent mille ans y arrivera-t-il.

Dans cent mille ans les hirondelles feront leur nid, comme elles ont commencé de le faire, le jour où Dieu les a créées avec les autres animaux.

Les animaux sont possédés par leur organisation.

L'homme possède la sienne.

Tout est une preuve de cette puissance de la volonté chez l'homme, même le suicide.

Quelquefois l'âme de l'homme ou sa volonté, comme vous voudrez, déteint un moment sur l'intelligence de l'animal : on a vu des chiens jouer aux échecs comme Philidor et Méry.

Mais abandonnez un mois seulement cette science aux envahissements de l'organisation animale, la science aura complétement disparu.

Avez-vous remarqué ceci? c'est que tous les chiens de tous les pays du monde aboient de la même façon ; tandis qu'au contraire, chaque peuple, quoique l'organisation de l'homme soit la même partout, parle une langue différente.

C'est que Dieu a voulu que tous les peuples fussent à la recherche du même but, la vérité ; et pour que leur recherche fût plus fructueuse et plus rapide, il les a armés d'instruments divers, il a voulu que les langues fussent des flambeaux de différentes couleurs avec lesquels ils éclairassent leur pensée.

C'est dans ce but toujours que Dieu a permis que l'homme primitif découvrît l'écriture, l'homme civilisé l'imprimerie.

D'ailleurs, croyez-moi, l'homme ne cherche pas ce qui n'existe pas. Il a cherché l'or et le diamant, parce que l'or et le diamant existaient.

Si l'âme n'existait point il n'aurait pas même l'idée de l'âme.

Aussi l'homme qui a une âme vit-il à la fois dans le passé, dans le présent, dans l'avenir.

Une de ses récréations favorites, un des

amusements de son âme, c'est le spectacle.

Menez l'animal le plus intelligent au spectacle et demandez-lui ce qu'il préfère d'un os ou d'une tragédie de Corneille.

Hélas ! j'ai vu bien souvent de pauvres diables qui n'avaient que dix sous pour souper ou pour venir au spectacle.

Ils allaient au spectacle et se couchaient sans souper.

Chez eux l'âme avait plus faim que le corps.

Qui fait de notre visage un masque destiné à cacher les impressions de notre cœur? qui soumet dans cette dualité la matière à l'intelligence ? qui nous fait rire quand nous pleurons, pleurer quand nous rions ?

L'âme.

Tant que l'âme habite notre corps nous pouvons cacher nos sensations, selon nos intérêts.

Dites à un cadavre de cacher sa mort : il n'y parviendra pas, quelque intérêt qu'il ait de passer pour vivant.

Pourquoi cela ?

Parce que l'âme n'y est plus.

Aussi, pour correspondre à la dualité de notre être, Dieu nous a-t-il fait deux sensibilités.

La sensibilité sensuelle.

La sensibilité psychologique.

La pitié n'existe point pour les animaux.

A la vue de la souffrance nous pleurons.

Les larmes sont l'expression matérielle d'une douleur morale.

La douleur vient de l'âme, les larmes viennent du corps.

Annoncez à un chien ou à un perroquet la mort de sa mère, et vous verrez s'il pleurera.

Dieu ne leur ayant pas donné la douleur psychologique, a jugé inutile de leur donner les larmes.

Les larmes sont au corps ce que la soupape de sûreté est à la machine.

Quand la puissance de la vapeur est trop forte, la soupape s'ouvre, le trop plein s'enfuit.

Sans les larmes, la douleur de l'âme ferait éclater le corps.

Si je cherche l'âme ce n'est donc pas, comme vous le voyez, faute d'y croire.

Seulement je voudrais y faire croire ceux qui n'y croient pas: cela les consolerait.

Seulement il en est des antispiritualistes comme de saint-Thomas. A ceux-là il faut dire : *vide pedes, vide manus,* et encore, j'ai vu des gens qui avaient vu et qui semblaient honteux d'avoir vu.

Maintenant, s'il existe une science au monde qui rende l'âme visible, c'est le magnétisme.

Mais disons-le, le magnétisme n'est pas encore à l'état de science.

Comme le ballon, il s'élève au-dessus des choses humaines ; mais arrivé à une certaine hauteur, au lieu que ce soit l'aéronaute qui le dirige, c'est lui qui emporte l'aéronaute.

N'importe, c'est déjà quelque chose de fort curieux d'être enlevé par un ballon au-dessus des choses humaines.

De respirer là-haut un autre air que celui qu'on respire ici-bas.

Il faut bien que cela soit, puisqu'il y a des gens qui montent en ballon.

Pour leur plaisir, bien entendu. Je ne parle pas ici de ceux qui y montent pour de l'argent.

Or, vous admettez que si je monte en ballon, j'y monte pour mon plaisir.

Voilà pourquoi, en lisant la lettre de mon ami Séchan, j'ai trouvé le mot charlatan un peu hasardé.

N'importe, comme je vous le dis, cela m'a donné à réfléchir à moi.

Tout donne à réfléchir à l'homme qui pense.

Un gland qui est tombé sur le nez de Newton lui a révélé le mystère des mondes.

Un cerf-volant planant au milieu d'un orage, a mis le tonnerre aux mains de Franklin.

Je me suis donc dit :

— Je m'étais fait du magnétisme un amusement, essayons d'en faire une science.

Cherchons.

Pendant quatre ou cinq mois, j'ai cherché.

Je ne veux pas dire, comme Archimède: Eureka ! Entendons-nous bien.

Je viens dire: cherchons de bonne foi et peut-être trouverons nous, d'autant plus que le point d'appui nous l'avons ; tout au contraire d'Archimède, c'est le levier qui nous manque.

Le point d'appui, c'est le somnambulisme.

Le somnambulisme n'est ni contesté ni contestable, c'est un fait acquis et qui appartient à la science.

Maintenant n'est-ce pas en elle-même et isolée de tout autre ornement une chose assez bizarre, que cette puissance donnée à une créature humaine d'imposer sa volonté à une autre créature ?

Que de lui dire, dors, et de la faire dormir ; de lui dire, marche, et de la faire marcher ; de lui dire, parle, et de la faire parler ; de la toucher du doigt au front, et de la rendre folle ; de la toucher de nouveau, et de lui ôter sa folie comme on lui a ôté sa raison.

Et tout cela sans parole, sans indication extérieure, avec la simple, l'unique volonté.

Parfois l'imposition des mains, voilà tout. Mais peut-être dira-t-on :

— Nous commençons par contester que le sommeil magnétique existe.

Attendez.

J'ai là sous ma main les archives générales de la médecine, tom. xx, mai 1829, page 131 et suivantes.

Il s'agit tout bonnement d'une glande cancéreuse enlevée par M. Cloquet, à madame Plantin laquelle demeurait rue Saint-Denis n° 151.

Voilà les propres termes du procès-verbal :

« Le jour fixé pour l'opération, M. Clo-
« quet en arrivant à dix heures et demie,
« trouva la malade habillée et assise dans
« un fauteuil dans l'attitude d'une per-
« sonne livrée au sommeil naturel. Il
« il y avait à peu près une heure qu'elle
« était revenue de la messe qu'elle enten-
« dait habituellement à la même heure,
« et M. Chapelain l'avait mise dans le
« sommeil magnétique depuis son re-
« tour. La malade parla avec beaucoup de
« calme de l'opération qu'elle allait su-
« bir. Tout étant disposé pour l'opérer,
« elle se déshabilla elle-même et s'assit
« sur une chaise.

« M. le docteur Chapelain soutint le

« bras droit : le bras gauche fut laissé pen-
« dant sur le côté du corps. M. Pailloux,
« élève interne de l'hôpital Saint-Louis,
« fut chargé de présenter les instruments
« et de faire les ligatures.

« Une première incision partant du
« creux de l'aisselle fut dirigée au-dessus
« de la tumeur jusqu'à la face interne de
« la mamelle. La seconde, commencée
« au même point, cerna la tumeur par en
« bas et fut conduite à la rencontre de la
« première. Les ganglions engorgés fu-
« rent disséqués avec précaution en rai-
« son de leur voisinage de l'artère axil-
« laire, et la tumeur fut extirpée.

« La durée de l'opération a été de dix
« à douze minutes.

« Pendant tout ce temps la malade a
« continué à s'entretenir avec l'opérateur,
« et n'a pas donné le plus léger signe de
« sensibilité, aucun mouvement dans les
« membres ou dans les traits, aucun
« changement dans la respiration ni dans
« la voix, aucune émotion même dans
« le pouls ne se sont manifestés. La ma-
« lade n'a pas cessé de présenter cet état
« d'abandon et d'impassibilité automati-
« que qu'elle offrait à l'arrivée de M. Clo-
« quet ; on n'a pas été obligé de la conte-
« nir, mais seulement de la soutenir. Une

« ligature a été appliquée sur l'artère
« thoracique latérale, ouverte pendant
« l'extraction des ganglions. Mais chose
« digne d'observation ! lorsque le chirur-
« gien a lavé la peau aux environs de la
« plaie, la malade manifesta des sensa-
« tions semblables à celles produites par
« le chatouillement et dit plusieurs fois
« en riant :

— Oh ! finissez, ne me chatouillez pas.

« La plaie étant réunie par des emplâ-
« tres agglutinatifs et pansée, l'opérée fut
« mise au lit toujours, dans l'état de som-

« nambulisme dans lequel on la laissa
« pendant quarante-huit heures. »

Ceci est un fait, un fait incontestable :
on ne feint pas le sommeil en face d'une opération mortelle.

On ne feint pas l'insensibilité sous le bistouri.

Non, la volonté du magnétiseur avait isolé l'âme du corps, tiré la lame hors du fourreau.

Le corps n'était plus que cette matière

inerte et insensible dont nous parlions tout à l'heure.

Aussi le corps était-il insensible comme l'est la matière.

Voilà, si l'on peut s'exprimer ainsi, le côté matériel du somnambulisme. Passons au côté psychologique, qui comprend la vue à travers les corps opaques et touche à la divination.

Nous allons puiser la suite de l'histoire de cette opération à des sources non moins authentiques que son commencement, c'est-à-dire dans le livre publié en 1844 sous le titre de *Psychologie physiologique*, par M. Chardel, conseiller à la cour de cassation, ancien député de la Seine (1), page 277.

« Quelques jours après l'opération faite
« à madame Plantin, sa fille, madame
« Lagandré arriva à Paris. Madame
« Lagandré entrait en somnambulisme et
« jouissait d'une lucidité très-remarqua-
« ble. On résolut de la consulter sur l'état
« de sa mère, et le docteur Chapelain
« la magnétisa le dimanche 26 avril. »

---

(1) Nous invitons tous les esprits sérieux à lire le livre de M. Chardel.

Voilà quelle fut littéralement sa réponse.

Nous mettons en face de cette réponse le procès-verbal d'autopsie.

Maman va très-mal : *il y a un épanchement dans le côté droit de la poitrine, un peu d'eau dans le péricarde, le foie est décoloré à sa surface.* Dans deux jours maman sera morte malgré tout ce que vous pourrez faire. Vous n'aurez presque plus d'action sur elle demain ; demain elle n'aura plus assez de vie pour sentir.

Le lendemain on magnétisa de nouveau madame Lagandré.

— Croyez-vous qu'on puisse soutenir la vie de votre mère? demanda le magnétiseur.

— Non, elle s'éteindra demain matin de bonne heure, sans agonie et sans souffrance.

— Quelles sont donc les parties malades?

— *Le poumon droit est rétréci, retiré sur lui-même; il est entouré d'une membrane pareille à de la colle; il nage dans l'eau.* Mais c'est surtout à l'angle de l'omoplate que ma mère souffre, le poumon ne respire plus, il est mort : le poumon gauche est sain, c'est par lui que ma mère vit. Il y a *un peu d'eau dans l'enveloppe du cœur.*

— Comment sont les organes du bas-ventre ?

— L'estomac et les intestins sont sains, *le foie est blanc et décoloré à la surface.*

Intérieur. — A l'ouverture de la poitrine on trouva la cavité de la plèvre droite *remplie d'une sérosité trouble dont la quantité peut être évaluée à deux pintes environ.* Les feuillets pulmonaires et costal de cette membrane sont couverts *d'exsudations couenneuses, molles,* qui sont plus abondantes à la partie postérieure de la cavité qu'à la partie antérieure. *Le poumon est fortement racorni sur lui-même;* les incisions qu'on pratique sur le bord postérieur et surtout sur son lobe supérieur font reconnaître l'existence d'une pneumonie, et donnent issue à *un liquide séro-purulent,* blanchâtre dans certains endroits, grisâtre dans d'autres.

Le péricarde contient environ trois ou quatre onces de sérosité liquide. La face postérieure du cœur est légèrement rougeâtre et présente plusieurs lambeaux d'exsudation couenneuse.

Le foie est d'un volume ordinaire, *la face supérieure est recouverte à sa partie moyenne de plaques blanchâtres qui ne s'étendent pas au delà de la surface de l'organe.*

La vésicule biliaire est atrophiée et de *couleur blanchâtre,* elle est remplie de calculs biliaires et ne contient pas de bile.

Les autres organes n'ont point été examinés.

Mais ce qui est non moins remarquable que cette vue dans l'intérieur du corps, c'est la réalisation de cette prophétie :

— Demain matin ma mère s'éteindra de bonne heure, sans agonie et sans souffrance.

En effet, le lendemain à l'heure indiquée par sa fille, madame Plantin était morte sans agonie et sans souffrance, comme l'avait prédit sa fille.

Maintenant peut-être me demandera-t-on comment j'explique ces faits.

— Je ne les explique pas, ils se produisent devant moi, ils m'étonnent, mais je suis forcé d'y croire puisque je les vois.

Demandez un peu aux médecins comment ils expliquent la vie?

Hélas la vie est une maladie dont on meurt, voilà tout.

IV

Je l'ai déjà dit et je le répète : J'avais écrit les trois quarts du roman de Balsamo sans avoir vu une seule séance magnétique, seulement j'avais lu tout ce qu'ont écrit sur cette science, les Puységur, les Deleuse, les Veletin, les Dupotet, les Chardel et les Ricard.

Hâtons-nous de dire que j'éprouvais un entraînement naturel vers le magnétisme, comme j'en éprouve un vers tout ce qui est merveilleux.

Je trouve une règle de trois, bien autrement raisonnable qu'un conte d'Hoffmann, mais je n'ai jamais pu faire une règle de trois et je sais les contes d'Hoffmann par cœur.

Je dis donc un jour que je serais curieux de voir une séance magnétique. Le mot fut entendu et répété. Ce n'est pas étonnant : on répète si souvent même ce que je ne dis pas.

Le mot fut donc répété et parvint aux oreilles de Marcillet.

Marcillet est le roi des magnétiseurs, il accourut à Saint-Germain et m'offrit Alexis.

J'acceptai, comme on le pense bien.

Alexis vint deux fois chez moi, et je rendis compte de ces deux séances.

Si l'on savait ce que ces deux comptes rendus me valurent de lettres d'injures!

Injures anonymes, bien entendu.

En vérité, je crois que ni Castaing, ni Lacenaire, n'en reçurent jamais de pareilles. On eût dit que j'avais tenté de bouleverser la société, proposé la loi agraire, détruit l'héritage.

Et cependant, je vous le demande, s'il y a quelque chose d'innocent au monde, n'est-ce pas un poëte qui réunit quelques amis, poëtes comme lui, pour chercher, à l'aide de l'intelligence commune, un de ces mille secrets de la nature qui nous sont encore inconnus.

J'étais un fou, une dupe, un charlatan, je faisais des réclames à Balsamo.

Des réclames! en vérité on était bien tombé.

Moi qui n'ai jamais demandé à un journal quelconque d'écrire un mot sur moi.

La chose gagna mes amis : il y en eut qui n'osaient point avouer le lendemain avoir vu les choses auxquelles ils avaient battu les mains la veille.

Lorsque je racontai de quelle façon, en l'absence de Marcillet, j'avais endormi Alexis, sans m'approcher de lui, sans lui parler, ce fut un concert de rires, un hourra de dénégations qui me firent douter de moi-même.

Au fait, Alexis pouvait avoir été prévenu; Alexis, en hôte poli, avait pu faire semblant de dormir.

C'était de la courtoisie, un peu exagérée peut-être; mais enfin c'était de la courtoisie.

Je résolus d'en avoir le cœur net.

Je me dis :

— La première fois que je rencontrerai Alexis quelque part, où que ce soit, sans qu'il sache que je suis là, sans lui parler, je l'endormirai à distance.

Cette fois il sera bien poli s'il s'endort.

Je rencontrai Alexis à l'Ambigu.

Il était aux premières loges, j'allai à l'orchestre, et de l'orchestre, par la seule puissance de la volonté, je l'endormis.

Je racontai la chose à un célèbre critique qui se trouvait près de moi, et je lui montrai Alexis.

—Ce n'est pas vous qui l'avez endormi, me dit-il, c'est la pièce.

Cette réponse me fit réfléchir profondément.

J'étais, à ce qu'il paraissait, destiné à ne pas savoir la vérité avec Alexis.

Je laissai Alexis faire les miracles hebdomadaires, et je me mis en quête d'une somnambule.

Entendez-vous bien? d'une somnambule, et non d'un somnambule.

Il me semblait que l'influence d'un sexe sur l'autre, du fort sur le faible devait être plus grande.

Puis, lorsqu'on veut étudier un phénomène, arriver à une vérité, découvrir un mystère, ce n'est pas une fois par hasard qu'il faut lutter avec l'inconnu, c'est chaque jour, c'est à chaque instant qu'il faut le prendre corps à corps, comme ces chevaliers qui dans les tournois du quinzième siècle, appliquaient toute leur adresse, employaient toutes leurs forces à faire sauter le casque de leur adversaire.

—Mais, me direz-vous, pourquoi diable vous qui avez tant de choses à faire, allez-vous encore vous occuper de magnétisme?

A cela je répondrai : Les voyageurs ont remarqué une chose, c'est qu'on ne fatigue pas les mêmes muscles en montant une montagne qu'en la descendant.

De sorte que la descente repose de la montée, et *vice versa*.

Or j'aime mieux monter et descendre

que de m'asseoir, je fais plus de chemin et je vois plus de pays.

Puis j'ai mon idée sur le magnétisme, et je la dirai plus tard.

D'ailleurs autant faire du magnétisme qu'aller au club, jouer au lansquenet, ou danser la cancan.

Je me mis donc en quête d'une somnambule.

Mais d'une somnambule *in partibus*, ignorant elle-même l'étendue de ses facultés, répondant à mes expériences avec la naïveté de l'expérimentateur.

Magnétiseur de fraîche date, j'avais un peu peur de ressembler à ces jeunes gens, qui chargent une vieille femme de faire leur éducation.

D'ailleurs je voulais sortir un peu des routes battues. Jouer aux cartes les yeux bandés, lire dans des livres fermés, retrouver des chiens perdus, comme font les somnambules des petites affiches: ce n'était point là mon fait.

Je désirais un perroquet qui dît autre chose que : as-tu déjeuné, Jacquot ? qui chantât une autre chanson que : quand je bois du vin clairet.

D'ailleurs je ne doutais point que l'âme ne fût en jeu dans toute cette affaire; et occuper l'âme de choses si infimes, l'abaisser à de pareils soins, c'est un peu forcer une reine à laver la vaisselle.

Dans toute découverte nouvelle, dans toute science conquise il y a un progrès.

Ce progrès doit amener dans la société une amélioration physique et morale.

Dieu ne serait point conséquent s'il n'en était point ainsi.

M. D***, avec lequel je me trouvais en relations de théâtre, me parla de la femme d'un de ses amis, somnambule par accident.

Malade et à peu près abandonnée de tous les médecins, elle avait consulté Ricard en désespoir de cause.

Ricard l'avait magnétisée, et pendant le sommeil magnétique elle avait indiqué elle-même le traitement convenable à sa prompte guérison.

Grâce à ce traitement suivi avec exactitude elle avait guéri promptement.

Une fois guérie, son mari l'avait magnétisée et avait reconnu en elle une grande lucidité.

Seulement, ne comptant tirer aucun parti de cette lucidité il l'avait signalée comme un fait : voilà tout.

Mais d'aucune façon il ne l'avait exploitée.

On me présenta chez madame Lucie B.

C'était bien ce que je cherchais : une femme, par son éducation, ses habitudes et ses relations, en dehors de tout charlatanisme.

Elle demeurait dans un petit appartement tout bourgeois, rue des Marais n° 5 bis, au second.

Son mari l'endormit en faisant des passes.

Elle fut à peu près une minute et demie à s'endormir.

Une fois endormie, ses yeux devinrent fixes; la pupille, dilatée comme dans les cas d'amaurose, avait perdu toute contractibilité.

Sa bouche était fermée, les dents serrées, les lèvres adhérentes.

Il fallut lui ouvrir la bouche, en faisant sur les lèvres des passes horizontales.

La bouche s'ouvrit avec un léger clappement, la langue vint naturellement humecter les lèvres; un air de satisfaction se répandit sur son visage.

Son mari s'éloigna d'elle : elle demeura assise.

En cet état elle était complétement isolée, sans regard, sans ouie.

L'odorat seul subsistait, et même selon, toute probabilité, se développait aux dépens des autres sens.

Une bougie approchée de ses yeux ne lui fit pas cligner la paupière.

Un sac de papier insufflé d'air et crev à son oreille ne la fit pas sourciller.

— Eh bien, demanda-t-elle au bout d'un instant, vous me laissez là?

—Donnez-lui la main, me dit son mari, et faites-lui des questions.

— Dois-je suivre un certain ordre d'idées?

— Non, interrogez : voilà tout.

Je lui pris la main.

—Pouvez-vous deviner ce que je veux en ce moment? lui dis-je.

— Formulez bien votre volonté dans votre esprit.

— C'est fait. Voyez-vous?

— Je vois que vous voulez m'interroger au sujet d'une lettre qui est dans votre poche.

— C'est vrai.

— Seulement je vous préviens que je ne sais pas lire.

— Comment, vous ne savez pas lire?

— Non, les objets pendant mon sommeil magnétique perdent à ma vue la moitié, les deux tiers même de leur grandeur réelle. Ainsi la pendule me paraît grande comme une montre ordinaire, une montre ordinaire comme un bouton de chemise : il en résulte que la lettre dont vous me parlez, écrite d'une écriture très-fine, est illisible pour moi.

— Voyez-vous si elle est courte ou longue?

— Je la vois écrite sur les quatre pages.

Je tirai la lettre de ma poche : c'était vrai.

— Mais sans la lire, pouvez-vous me dire de qui elle vient?

— Oui, s'il n'y a pas trop longtemps que vous l'avez reçue.

— Ah! cela c'est à vous de le reconnaître. Quand l'ai-je reçue?

— Laissez-moi la sentir.

Elle prit la lettre et la flaira.

— Vous l'avez reçue ce matin.

— C'est vrai.

— Elle vous est venue, non point par la poste, mais par un messager.

— Un messager ou un commissionnaire?...

— Un messager, j'ai bien dit, un homme qui a l'air de prendre vos intérêts dans ce moment-ci, mais avec lequel vous ne tarderez point à vous brouiller.

— Ah! cela c'est fort possible. Maintenant, pouvez-vous me dire de qui vient cette lettre?

— Elle a passé l'eau.

— C'est vrai. Mais de qui vient-elle?

— Attendez, voyez la personne.

— Je la vois, et vous?

— Moi aussi. C'est une jeune fille de seize à dix-sept ans.

— C'est cela. Petite ou grande?

— Grande.

— Blonde ou brune?

— Brune.

— Où est-elle?

— Oh! dans une grande maison où il y a quantité de locataires.

— Dans quelles relations suis-je avec cette enfant?

— Dans des relations de parenté, oh! de parenté très-proche, on dirait que c'est votre sœur ou votre nièce. Non, c'est votre fille.

— Vous êtes sûre?

— Oh! parfaitement.

La lettre était en effet de ma fille.

— Maintenant pouvez-vous dire ce que contient cette lettre?

—Je vous ai dit que je ne pouvais pas lire.

— Mais par intuition?

— Attendez.

Elle appuya la lettre au creux de son estomac, puis à son front.

— Pauvre enfant! dit-elle.

— Quoi?

— Elle se plaint.

— Vraiment?

— Oui, de ce qu'elle ne vous voit pas; il faut aller la voir : vous comprenez, dans cette pension elle s'ennuie beaucoup.

— C'est bien, j'irai demain.

— Non, vous n'irez pas demain.

— Comment cela?

— Une affaire vous en empêchera. Écrivez-lui au moins.

Je promis d'écrire, et le lendemain, empêché par une affaire, j'écrivis en effet.

Je savais sur la lettre tout ce que je voulais savoir.

Je pris ma canne et la lui mis entre les mains.

— Vous voulez savoir d'où vous vient cette canne?

— Oui.

— C'est-à-dire qui vous l'a donnée?

— Oui. Vous lisez donc dans ma pensée?

— Parfaitement.

— Y a-t-il longtemps qu'elle m'a été donnée?

— Avant-hier.

— Par qui?

— Par un grand jeune homme.

— Le voyez-vous?

— Parfaitement.

— Décrivez son signalement.

— Il est presque de votre taille ; il a les cheveux châtains, légèrement bouclés ; les yeux grands, bleus, un peu relevés vers les tempes. Il porte un paletot noisette et un pantalon écossais. Ah çà, mais vous me ferez donc faire aujourd'hui connaissance avec toute votre famille. C'est votre fils.

C'était vrai. Ceux qui connaissent

Alexandre savent que le signalement est exact.

— Ah ! maintenant, continua-t elle, voilà que vous pensez à autre chose.

— C'est vrai. Pouvez-vous me dire à quoi je pense ?

— Parfaitement. Vous vous demandez si vous pourriez m'endormir.

— Oui. Le puis-je?

— Oh ! bien facilement. Vous me conduirez à merveille, et vous aurez une grande puissance sur moi ?

— Et comment pourrai-je vous endormir.

— Comme vous voudrez, soit en me touchant, soit en me faisant boire un verre d'eau, soit en me faisant manger un fruit, soit en magnétisant un objet et en me le faisant prendre à la main, soit enfin par votre simple volonté.

— Ah! voilà ce que je voudrais, surtout.

— C'est bien facile. Éveillez-moi, et rendormez-moi.

— Comment vous réveillerai-je?

— Par votre simple volonté.

— Éveillez-vous donc, je le veux.

A peine le mot, je le veux avait-il été prononcé que la physionomie changea, les yeux s'animèrent, la vie afflua dans tout le corps.

Elle était réveillée.

— O! mon Dieu s'écria-t-elle, ai-je dit quelque sottise ?

— Non pas; au contraire, vous avez été d'une lucidité parfaite.

— Il me semble que vous m'avez réveillée bien vite.

— Je suis forcé de m'en aller.

Je regardai ma montre, pris ma canne et mon chapeau, fis toutes les dispositions d'un homme qui se retire, saluai et sortis du salon.

Le mari de madame B. m'avait accompagné.

— Pourquoi vous en allez vous, me dit-il, sans essayer la puissance de votre volonté ?

— Je ne m'en vais pas.

— Ah ! ah !

— Je veux essayer la puissance de cette volonté à distance : voilà tout.

— Essayez.

— J'ai vu une porte autre que celle par laquelle nous sommes sortis.

— Où cela ?

— Dans le salon.

— C'est celle d'un cabinet noir.

— Entrons-y, et de ce cabinet j'essayerai d'endormir madame.

Nous y entrâmes sans bruit, je m'orientai, et, m'approchant le plus près possible de la cloison, je projetai le fluide dans la direction de madame B.

D'ailleurs, je pouvais la voir par la fente de la porte.

Elle était toujours auprès du feu, seulement elle avait pris un verre d'eau sucrée dont elle remuait le contenu avec une cuiller.

— Je veux, dis-je tout bas, que vous dormiez avant que le verre touche vos lèvres.

Le verre s'approcha des lèvres, mais ne les toucha point.

La main resta suspendue, puis s'abaissa.

Tout le corps demeura immobile comme celui d'une statue.

Nous rentrâmes.

Madame B. était parfaitement endormie.

Cette fois il n'y avait pas de compérage possible, aussi cette fois fus-je convaincu.

V

Comme je viens de le dire, j'étais convaincu; je fis donc part de mes convictions à ceux de mes amis qui avaient assisté aux séances précédentes, et je leur promis des séances bien autrement intéressantes à l'avenir.

Parmi ceux à qui je m'adressais se trouvait Delaage dont le nom s'est déjà trouvé plusieurs fois sous ma plume. C'est que Delaage est l'homme des sciences occultes, et recherche perpétuellement l'inconnu. Il en résulte qu'il vit un peu en dehors des habitudes du monde matériel et qu'il est souvent en arrière pour les nouvelles les plus simples, tandis qu'il est toujours un des premiers à savoir les nouvelles du monde scientifique.

— Ainsi, vous croyez? me dit Delaage.

— Parfaitement; et vous?

— Moi aussi. Seulement ma foi me vient d'une étude plus approfondie que la vôtre, et j'ai passé par les mains de beaucoup de charlatans avant de lever un coin du voile qui couvre cette magnifique science du magnétisme.

— Il y a donc décidément des charlatans.

— Jugez-en, me dit Delaage; voici un fait dont je vous garantis l'authenticité. Ce sont naturellement les quartiers les plus riches que le charlatanisme choisit pour centre de l'exploitation du commerce magnétique; donc, un jour, une femme du monde que je connais beaucoup, madame de**, lut un matin, à la quatrième page d'un de nos grands journaux, l'adresse d'une somnambule d'une lucidité constante, endormie par son magnétiseur de 8 heures du matin à 5 heures du soir. Cette femme se rendit immédiatement à l'adresse indiquée; mais la foule qui se pressait chez la somnambule était si nombreuse, qu'on la pria de revenir le lendemain, lui disant qu'elle attendrait vainement son tour, ce jour-là.

Le lendemain donc cette dame revint.

Elle fut admise aussitôt.

La somnambule était endormie, ou du moins paraissait l'être.

— Veuillez donner votre main à madame, dit le magnétiseur à la visiteuse en lui montrant la somnambule.

— Je sais ce qui vous amène, dit celle-ci sans attendre qu'on l'interrogeât.

— Eh bien, dites-le-moi, répondit cette dame qui affichait partout une incrédulité complète.

— Vous venez pour retrouver un objet perdu.

— Est-ce vrai, madame? demanda le magnétiseur.

— Oui, monsieur.

— Dites l'objet que madame a perdu, reprit l'homme.

— C'est une épingle enrichie de diamants.

Le magnétiseur interrogea du regard madame **, qui fit signe que cela était vrai.

— Dites à madame d'où lui venait cette épingle.

— Elle lui venait de M. le comte de **, son mari.

— C'est vrai, ne put s'empêcher de dire la dame en question.

— Bien, mais ce n'est pas tout. Où cette épingle a-t-elle été achetée?

— Près de l'Hôtel-de-Ville, dans un grand magasin qui fait le coin du quai.

— Comment se nomme le marchand?

— Je ne vois pas.

— Voyez.

La somnambule parut faire des efforts pour lire.

— Je vois, dit-elle tout à coup.

— Eh bien?

— C'est chez Froment Meurice.

— C'est merveilleux, s'écria madame **.

— Maintenant, reprit le magnétiseur,

pouvez-vous dire à madame qui a ramassé son épingle ou qui la lui a volée ?

— Elle a été ramassée.

— Par ?

— Par un homme.

— Voyez-vous cet homme ?

— Oui, mais il marche et va très-vite ; il m'est impossible de distinguer ses traits. Si madame veut revenir demain matin, il sera sans doute chez lui, et je pourrai dire où il demeure et quel nom il porte.

Madame de *** partit émerveillée. Autant elle avait été incrédule jusque-là, autant, à partir de ce jour, elle eut foi. Elle ne voulait entendre à aucune des objections qu'on lui faisait, et sa confiance était devenue inébranlable. Cette précision de détails que lui avait donnée la somnambule ne pouvait être, à ses yeux, que le résultat du magnétisme le plus pur et de la lucidité somnambulique.

A quelques jours de là, je reçus la visite du magnétiseur de cette somnambule. Il venait me demander une lettre de recommandation : car il ne voulait plus, disait-il, pour 5 francs par jour, être le complice des audacieuses fourberies de celle qu'il avait l'air d'endormir et qui ne dormait pas plus que vous et moi.

Je l'interrogeai naturellement sur les moyens qu'il avait employés pour tromper cette madame de ***, et tant d'autres personnes qu'il avait rendues si ardentes pour le magnétisme.

— C'est bien simple, me dit-il. Cette foule qui se presse chez la somnambule se compose, en grande partie, de figurants de petits théâtres, auxquels on donne 2 francs par jour pour jouer le rôle de clients. Ce sont eux qui engagent les visiteurs à revenir le lendemain. Le visiteur s'en va. On le fait suivre et l'on envoie dans la maison une femme qui, sous prétexte de vendre des dentelles ou autres objets, obtient adroitement des domestiques ou du portier les renseignements dont la somnambule a besoin pour donner à ses réponses l'apparence de la vérité et de l'inspiration.

Cependant, parmi les nombreuses femmes qui trompent le public sous un prétexte de somnambulisme, bien peu ont à leur disposition des limiers aussi adroits et aussi bien rétribués que ceux dont nous venons de parler. La plupart sont réduites à baser le succès de leurs réponses sur l'habileté avec laquelle les demandes sont faites, sur la sûreté de leur coup d'œil, et surtout sur la crédulité de leurs clients qui laissent échapper leur secret sans s'en apercevoir.

Mais ce qui déconcerte le plus certainement la mauvaise foi, c'est la consultation sur les cheveux. Voilà les véritables épines du métier et le véritable triomphe du somnambule lucide.

Maintenant il y a encore d'autres branches au magnétisme.

Dans certains quartiers de Paris il y a certaines femmes, nommées diseuses de bonne aventure, somnambules sans sommeil, magnétisées sans magnétiseur. Chez elles la misère et les privations font le travail du fluide. Placées dans les conditions de jeûne et d'abstinence des anciens prophètes, elles en ont quelquefois la merveilleuse divination. Le magnétisme, ou plutôt le sommeil magnétique, n'est qu'un moyen de dégager l'âme du corps, de la dépouiller de ses liens terrestres et matériels; et, une fois qu'elle les a rejetés loin d'elle, des horizons inconnus s'ouvrent devant elle. Elle rentre pour ainsi dire intégralement dans son principe divin, et acquiert la perception des choses qui échappent aux yeux mortels restés sous l'empire des passions et sous l'influence du tempérament. Ainsi nous avons vu, de nos propres yeux vu, une chose merveilleuse en matière de somnambulisme.

Un de mes amis qui s'occupait beaucoup aussi de cette science, me rencontra un jour dans la rue, et la conversation tomba sur ce sujet qui me préoccupait fort.

— Voulez-vous voir une chose curieuse? me dit-il.

— Volontiers.

— Êtes-vous très-scrupuleux ?

— Comment l'entendez-vous ?

— Pour acquérir une certitude scientifique, affronteriez-vous tous les endroits et tous les gens ?

— Oui.

— Eh bien ! alors suivez-moi.

Mon ami me fit passer par la rue Richelieu et me fit entrer dans une de ces petites rues étroites et sales qui l'avoisinent et qui sont comme les vaisseaux sécréteurs et mystérieux du beau quartier.

Arrivé devant une maison dont l'apparence ne laissait aucun doute sur les gens qu'elle renfermait, il s'arrêta :

— C'est ici, me dit-il.

— Pourquoi vous arrêtez-vous ? lui dis-je.

— La maison ne vous dégoûte pas.

— Ce n'est pas pour la maison que je viens.

— Entrons alors.

Nous enfilâmes une ruelle obscure au bout de laquelle mon pied heurta la première marche d'un escalier sombre et infect.

Il n'y avait pas de portier.

A mesure que nous montions il faisait un peu de jour dans l'escalier.

Or, nous montâmes ainsi quatre étages.

Mon ami chercha une porte au milieu des quatre ou cinq portes qui s'offraient à nous, et l'ayant enfin trouvée il heurta violemment.

— Qui est là ? dit une voix de femme.

— C'est moi, répondit mon cicerone en tâchant de donner à sa voix une intonation qui le fît reconnaître.

— Qui, vous ?

Mon ami se nomma, en rougissant, je dois le dire, de crier son nom dans une pareille maison.

— J'y vais, répondit la voix.

Et en effet la porte s'ouvrit.

Une fille vêtue d'une camisole blanche et d'un jupon blanc pour tout costume vint nous ouvrir.

La chambre était meublée d'un lit, d'une chaise, d'une table et d'une toilette.

Des rideaux de calicot blanc voilaient la fenêtre aux vitres vertes, derrière laquelle quelques pots de fleur se mouraient, tués qu'ils étaient, malgré les rayons du dessus, par les exhalaisons putrides du dessous.

— Bonjour, Caroline, dit mon ami, à cette fille qui était assez belle, mais qui portait sur son visage le masque du vice et la pâleur des maladies qui l'accompagnent.

— Ah! c'est encore vous? dit mademoiselle Caroline, et en même temps elle me regardait d'un air inquisiteur.

— Oui, c'est moi, vous me le reprochez.

— Du tout, et ce du tout voulait dire : j'aurais autant aimé ne pas vous voir.

Mon ami déposa son chapeau et s'assit en me disant d'en faire autant.

— Pourquoi n'ouvriez-vous pas tout de suite? dit-il à mademoiselle Caroline.

— Parce qu'il y a quelqu'un qui passe sa vie chez moi, qui m'ennuie, et que si c'eût été lui je n'aurais pas ouvert.

— Et qui est, ce quelqu'un?

— C'est mon amant, pardieu!

Mon ami me fit un signe des yeux qui semblait dire : écoutez.

Alors une conversation étrange s'engagea entre lui et cette femme, conversation que je ne puis mettre sous les yeux du lecteur, mais de laquelle il résulta pour moi que cette fille chez laquelle je me trouvais était une des créatures les plus viles et les plus corrompues que l'on puisse rencontrer de huit heures du soir à minuit dans les rues sombres et étroites de Paris.

Mon ami la fit approcher de lui et lui prenant les mains, la regarda fixement et lui dit, pour occuper son imagination, des phrases banales et sans suite.

Les regards de mademoiselle Caroline couraient à droite et à gauche, mais invinciblement ils revenaient se fixer sur ceux de mon ami. Il arriva un moment où quelques efforts qu'elle fît elle ne put les en détacher, et une ligne lumineuse s'établit entre les deux regards de l'homme et de la femme qui de temps en temps frissonnait sous cette influence magnétique. On sentait qu'elle eût voulu combattre la volonté qu'elle subissait, mais la chose était impossible et tout ce qu'elle pouvait faire c'était de fermer les yeux qu'elle rouvrait convulsivement presque immédiatement après.

Edouard, c'était le nom de mon ami, me fit signe de préparer une chaise derrière mademoiselle Caroline. Comme il n'y en avait que deux dans la chambre, je me levai et posai la mienne de façon à ce que cette femme pût s'asseoir sans effort.

Alors Édouard se leva à son tour et laissa tomber plutôt qu'il n'assit la somnambule sur cette chaise. Il relâcha les mains qu'il tenait et qui retombèrent inertes, fit quelques passes de haut en bas, les yeux toujours fixés sur cette femme, et la laissa dans un état d'immobilité complète.

— Vous savez à quoi vous en tenir sur

le compte de cette femme, me dit-il tout bas.

— Oui, dis-je en souriant.

— Vous avez entendu la conversation que nous venons d'avoir ensemble.

— Parfaitement.

— Il est impossible, n'est-ce pas, d'être plus dégradé que cette créature.

— C'est difficile, au moins.

— Eh bien, vous allez voir.

— D'abord, ajouta Edouard, assurez-vous qu'elle est bien endormie.

— En quoi faisant?

— En criant tant que vous aurez de force à ses oreilles.

— Mais si l'on m'entend crier ?

— Cela ne fera rien, on est habitué à tout dans cette maison.

Je m'approchai de l'oreille de mademoiselle Caroline, et je poussai un cri à ébranler tout. Elle ne sourcilla point.

— Ce n'est pas assez, reprit Edouard, et tirant de sa cravate une grande épingle qui avait bien deux pouces et demi de longueur, il prit le bras de cette fille, releva jusqu'à l'épaule la manche de sa camisole et fit quelques passes après lesquelles ce bras se tint dans une immobilité parfaite.

— Entrez-lui cette épingle dans le bras, me dit Edouard en me tendant le bijou.

Je n'étais pas habitué à ces sortes d'expériences, je refusai.

— Je vais l'entrer moi-même, me dit-il.

— Ne faites pas cela, m'écriai-je.

— Oh ! elle ne sentira pas plus l'épingle qu'elle n'a entendu votre voix.

Et en disant cela, mon ami plantait impassiblement cette épingle dans le bras de la somnambule, un peu au-dessous du coude.

Je me détournai malgré moi.

— Ah ! vous n'avez encore fait que du magnétisme à l'eau de rose, me dit

Edouard en voyant mon mouvement, regardez cela, c'est l'alphabet de l'art.

Je me retournai à contre-cœur, je dois le dire, et je vis l'épingle plongée dans le bras et le traversant entièrement. La pointe sortait par le dessous.

— Vous êtes bien convaincu qu'elle dort, n'est-ce pas ? fit Edouard.

— Je l'étais déjà tout à l'heure.

— Bien, maintenant, et en disant cela il retirait l'épingle, essuyait une goutte de sang qui avait perlé à la naissance du trou que la blessure avait fait, démagnétisait le bras qui retombait sans force et sans douleur dans la position où il était auparavant et le recouvrait de la manche de la camisole, maintenant vous allez voir quelque chose de plus merveilleux que cela. Vous m'avez dit que vous cherchiez l'âme.

— C'est vrai.

— Voilà un être qui, aux yeux du monde, n'en a plus.

— Ou du moins elle n'a plus que l'âme physique, si l'on peut s'exprimer ainsi, c'est-à-dire le ressort qui fait mouvoir son corps.

— Eh bien, cette âme-là n'a plus aucun empire sur son corps en ce moment, puisque son corps inerte par l'influence magnétique ne peut plus recevoir la perception ni de la douleur ni du plaisir. Cette âme-là est donc inutile. L'âme, la vraie, la pure, la divine, celle enfin que Dieu lui a donnée habite encore cet être corrompu qui n'a plus aucun souvenir de la vie qu'il a menée et qu'il va reprendre dans quelques heures. Je vais vous donner la plus belle preuve qu'on puisse donner de la pureté et de l'immatérialité de l'âme proprement dite.

— Caroline, dit alors Edouard d'une voix douce, et en même temps il faisait une passe légère sur la bouche de la femme endormie.

Celle-ci se mit à sourire avec une grâce qu'on eût crue inconnue à sa physionomie.

— Souffrez-vous? lui demanda mon ami.

— Non, aucunement.

— Ainsi vous êtes bien?

— Très-bien.

— Pourquoi ne voulez-vous plus voir votre amant?

— Je n'ai pas d'amant, dit-elle.

— Vous en êtes bien sûre?

— Oui.

— Vous n'en avez jamais eu?

— Jamais.

— Eh bien, moi je vous aime : voulez-vous de moi ?

La somnambule ne répondit pas. Une légère contraction nerveuse sillonna son visage.

— Répondez-moi.

Elle fit un signe négatif.

— Je suis riche, reprit Édouard.

La contraction du visage devint plus forte.

— Vous ne voulez pas ?

— Non, répondit la somnambule d'une voix émue.

— C'est possible; mais moi, je le veux, et vous allez être à moi.

Ce qui se passa alors sur le visage de cette femme est impossible à décrire. Elle fit des efforts inouïs pour se lever ; mais ne le pouvant pas, elle rejeta sa tête en arrière, et se mit à pleurer à chaudes larmes. Les pleurs et les sanglots devinrent si abondants, qu'un moment je crus à une attaque nerveuse.

— Prenez garde, dis-je à Édouard,

effrayé et émerveillé que j'étais à la fois du spectacle qu'il me donnait.

— Ce n'est rien, me dit-il. Et aussitôt il entonna d'une voix douce un chant religieux. Les larmes de la somnambule cessèrent de couler, elle releva la tête, joignit les mains, se laissa glisser le long de sa chaise et tomba à genoux, dans l'attitude d'une femme qui prie et le visage inondé d'une sérénité chrétienne.

Un peintre eût pu faire en ce moment une figure de sainte et de martyre en copiant le visage et l'expression de cette prostituée.

— Que dites-vous de cela? me demanda Édouard.

— Je dis que c'est superbe.

— Maintenant regardez et écoutez.

Il chassa violemment le fluide, démagnétisa les membres de cette fille, qui ouvrit les yeux et qui, en se voyant à genoux devant nous, nous regarda d'un air étonné.

— C'est encore vous, imbécile, dit-elle d'une voix éraillée à Edouard, qui avez fait vos singeries. Je vous préviens que si vous revenez encore *pour cela,* je vous... flanquerai à la porte.

Et en disant cela, mademoiselle Caroline se relevait.

— Nous avons vu tout ce que nous voulions voir, n'est-ce pas? me dit Edouard.

— Dame! oui.

— Maintenant allons-nous-en.

Nous donnâmes 20 francs à cette fille, et nous sortîmes de chez elle.

VI

Le magnétisme a cela de beau, qu'une fois qu'on y est un peu initié, on veut y être initié tout à fait. Cette scène à laquelle mon ami Edouard P*** m'avait fait assister avait laissé dans mon esprit un souvenir profond et le désir ardent d'acquérir de nouvelles preuves. Seulement, comme je l'ai déjà dit dans un des derniers chapitres, convaincu que j'étais que l'on ne devait pas appliquer le magnétisme à des choses purement superficielles, je voulus m'assurer qu'il avait été utile à la science et qu'il avait profité de cette puissance qu'il avait sur la matière pour la guérir ou la préserver des maladies.

Comme on se le rappelle peut-être, quand j'ai parlé de la maladie de mon Arabe Paul, il a été question de Victor Dumets.

Le lendemain du jour où Alexis était

venu pour la première fois à Monte-Cristo, Victor Dumets y était venu à son tour. Il avait été endormi dans une chambre du rez-de-chaussée; et, une fois endormi, le magnétiseur lui avait dit :

— Maintenant pouvez-vous trouver la chambre du malade?

— Parfaitement.

— Allez-y.

Victor Dumets s'était levé, et, sans l'aide de personne, il avait été droit à la chambre de Paul. Arrivé devant le lit du moribond, il lui avait pris la main et avait secoué la tête, comme un praticien exercé qui désespère à la première inspection; puis, ne voulant pas donner sa consultation devant Paul, quoique le pauvre diable eût perdu sa connaissance et n'eût pu l'entendre, il redescendit.

Revenu dans la salle du rez-de-chaussée, il dit :

— Cet homme a été mal traité. On a épuisé son sang quand il fallait simplement le détourner. Dans trois jours il sera mort, mais il sera mort guéri. Je m'explique. A cette heure il a une fièvre ardente et le délire ; avec l'ordonnance que je vais vous dicter, la fièvre et le délire cesseront, il recouvrera sa connaissance, il reviendra au calme, mais il ne lui restera plus assez de sang pour vivre, et, quand la fièvre ne sera plus là pour fouetter le peu de sang qui lui reste, il s'éteindra ; mais, comme je vous le disais tout à l'heure, il ne mourra que guéri. Si je ne le soigne pas il sera mort demain.

Trois jours après, la prophétie de Victor Dumets s'était réalisée : Paul était mort après avoir passé par toutes les phases prédites par le médecin somnambule.

La médecine exercée par le médecin

somnambule a ce côté merveilleux, qu'elle peut assister sûrement à l'examen intérieur du corps. Le chirurgien, quand l'homme est mort, peut ouvrir son cadavre et se rendre compte de la maladie dont il n'avait pas trouvé le principe, dont il ne connaissait pas le siége et dont il n'avait pu empêcher les envahissements; mais c'est une bien faible consolation que cette certitude acquise sur un cadavre.

Le médecin somnambule, au contraire, s'ouvre, à l'aide de la double vue magnétique, le corps vivant dont le chirurgien est forcé d'attendre la mort pour l'ouvrir avec son scalpel. Il remonte à la source de la maladie, en retrouve les causes, en devine les accidents, les différentes apparitions, et en trouve le plus souvent les remèdes. Au reste, il n'y a pas besoin d'être médecin pour cela, et nous avons vu des somnambules complétement étrangers à la médecine donner de merveilleuses consultations.

Madame B***, à laquelle nous allons revenir tout à l'heure, a donné des consultations comme celles dont nous parlons.

Maintenant il y a un autre genre de somnambules dont nous n'avons dit qu'un mot, ce sont celles dont la misère, l'isolement et les privations sont les seuls magnétiseurs. En effet, le magnétisme peut se diviser en trois genres correspondant aux trois étages de l'ordre social. Nous avons vu avec Alexis et Marcillet les classes élevées, nous allons voir maintenant les somnambules du peuple.

C'est encore Delaage qui va nous initier à ces nouveaux mystères; Delaage, est un chercheur infatigable.

Dans les quartiers les plus populeux, les plus obscurs et les plus pauvres vivent, au fond de greniers infects et malsains, certaines vieilles femmes ridées, valétudinaires édentées, qui, sous le nom de Bohémiennes, prédisent l'avenir et guérissent les maladies pour un morceau de pain ou quelques sous. Leur logement ou, pour mieux dire, leur antre, se cache sous les toits; on y arrive par un escalier indescriptible et au milieu d'étranges exhalaisons. Elles ont bien l'extérieur traditionnel des sorcières telles que nous nous les représentons; et, en voyant celles-ci, on comprend que des rois moins cléments fissent brûler celles qui leur tombaient sous la main, quand ce n'eût été que pour purifier l'air.

Ces malheureuses passent une partie du

jour accroupies dans un coin de leur réduit, et chauffant leurs mains sèches comme du bois au-dessus d'un réchaud capable d'asphyxier toute autre femme qu'elles.

Comme nous l'avons déjà dit deux fois, elles n'ont pas de magnétiseur, et n'en ont pas besoin.

Depuis de longues années la faim a mortifié leur chair, la misère sous toutes les formes a usé leur corps, desséché leurs membres, ridé leur peau, anéanti presque entièrement en elles, enfin, la partie matérielle. Elles prouvent cette parole d'Apollonius de Tyane :

« A travers la charpente d'un corps ruiné l'âme contemple le temps, l'espace et l'éternité. »

On consulte ces pauvres femmes pour les enfants malades, pour les ouvriers blessés, à l'aide d'une mèche de cheveux.

Elles examinent ces cheveux, détaillent les causes et les progrès de la maladie, et la guérissent presque toujours par l'application de certaines plantes dont elles développent les mérites secrets avec une sagacité qui surpasse de beaucoup l'intuition médicale des plus habiles disciples d'Hippocrate.

Quant à leur connaissance de l'avenir, nous en avons eu moins de preuves.

Cependant voici un fait qui arriva à l'un de nos amis, que nous pourrions nommer au besoin, et dont nous garantissons l'authenticité.

Il se rendit un jour en riant chez une de ces femmes, qui, en le voyant entrer, lui demanda :

— Est-ce le passé ou l'avenir que vous voulez savoir ?

—Ma foi, je préfère que vous me disiez

le passé, répondit le visiteur; de cette façon je saurai mieux, et plus tôt, si ce que vous dites est vrai, ma brave femme.

— Eh bien, commençons par le passé, dit la vieille.

Et elle raconta à ce jeune homme sa vie presque jour par jour, jusqu'au moment où il était venu la trouver.

A mesure qu'elle lui donnait de nouveaux détails, les yeux de l'incrédule se fixaient plus attentivement sur elle et il pâlissait.

— Ce que je vous dis est-il vrai? demandait la sibylle plébéienne avec un sourire de triomphe.

— Oui, murmurait notre ami.

— Eh bien, maintenant passons à l'avenir.

— Non, non, répondit brusquement celui qu'elle venait de convertir, j'aime mieux ne pas le savoir, et il sortit rapidement de cette chambre.

La vieille à qui il avait jeté une pièce de cinq francs se remit tranquillement, les mains au-dessus de son réchaud.

VII

Il y aurait tout un livre, et tout un livre intéressant à écrire sur le magnétisme, malheureusement la place nous manque ici et nous ne pouvons donner que des aperçus généraux dont le lecteur trouvera plus tard le développement dans le livre que Delaage publiera sans aucun doute et qui renfermera des documents précieux et authentiques sur cette science merveilleuse.

La plupart des femmes qui exercent le métier de somnambules sont d'anciennes ouvrières qui ont commencé cet état à l'hôpital entre les mains de jeunes étudiants en médecine enchantés de faire des expériences *in animâ vili*. On a considérablement exagéré les avantages du métier de somnambule. On dit que c'est à elles que le proverbe : la fortune vient en dormant, est applicable. On se trompe grossièrement. Ces malheureuses créatures qui cherchent leur tâche pénible dans l'acte où la nature a placé le repos, et qu'un sommeil laborieux qui dure huit ou dix heures par jour épuise, sont loin d'être heureuses; et nous ne parlons pas ici de celles que la faim a réduites à livrer leur corps aux humiliantes et brutales expériences de l'insensibilité magnétique et aux épreuves de catalepsie que l'on fait sur elles.

Ajoutons tout de suite qu'il y a une chose à laquelle on refuse le plus souvent d'ajouter foi et qui cependant est certaine, c'est l'influence que l'incrédulité exerce sur la lucidité du somnambule.

Une fois l'influence de la puissance de volonté sur le magnétisé admise, une fois le magnétisme reconnu pour être la transmission d'une volonté déposée dans un autre individu, pourquoi se refuserait-on à comprendre que, puisqu'il perçoit l'influence pour, il puisse percevoir l'influence contre?

Ne retrouvons-nous pas éternellement ce double génie du bien et du mal, se disputant l'âme de l'homme, et le génie du mal l'emportant le plus souvent? C'est la même chose. L'âme du magnétisé est dégagée de son corps, elle a la perception des sentiments avec une instantanéité que nous ne pouvons ni comprendre dans l'état normal des facultés de l'homme, ni expliquer dans notre langue stérile. L'âme est comme une flamme pure qui vacille au moindre souffle et se détourne de la ligne ascendante qu'elle suit lorsqu'aucune volonté contraire ne l'attaque. Toute flamme tend au ciel.

Nous avons vu madame B..., endormie dire :

— Je ne verrai pas aujourd'hui.

— Pourquoi? lui demanda-t-on.

— Parce qu'il y a ici trois messieurs qui ne croient pas et qui me gênent.

— Désignez-nous ces trois messieurs, lui dis-je.

Et sans hésiter, au milieu de trente personnes elle désigna les trois incrédules et les alla chercher au milieu d'un groupe après avoir donné leur signalement sans se tromper d'un bouton d'habit.

Puisque nous voilà revenus à madame B. nous allons terminer ce chapitre par le récit des dernières expériences dont nous avons été témoin et qui ont achevé de faire de nous un croyant, en matière de magnétisme.

Une fois que j'eus découvert en madame B. ce trésor de lucidité dont j'ai donné un exemple tout à l'heure, je n'eus plus qu'une préoccupation, ce fut d'initier les plus incrédules de mes amis à cette lucidité merveilleuse.

En conséquence je priai madame B. et son mari de venir chez moi; et pendant plusieurs soirées de suite, il ne fut plus question de neuf heures du soir à une heure du matin que de magnétisme e d'épreuves somnambuliques.

Madame B. s'endormait d'une façon bien simple, en mangeant un gâteau, en buvant un verre d'eau, ou en touchant un objet quelconque magnétisé par moi. Le sommeil était instantané et les expériences d'attraction surtout réussissaient on ne peut mieux.

Ainsi je passais avec un de mes amis dans une des chambres les plus retirées de l'appartement. J'endormais madame B. à distance comme je l'avais endormie la première fois chez elle ; et sans dire une parole, par la seule puissance de ma volonté, madame B. se levait, et dans l'obscurité la plus profonde, elle venait me trouver où j'étais, suivant le chemin le plus court, ouvrant toutes les portes et évitant sans le secours de la main tous les objets qui eussent pu gêner son passage.

La transmission de volonté était d'une rapidité et d'une justesse inconcevables.

Ainsi je donnais à madame B. une tasse de café ou un verre d'eau. Je l'endormais avec la première moitié de la boisson qu'elle prenait et je la réveillais avec la seconde.

Je m'enfermais dans une chambre voisine avec plusieurs personnes, et leur demandais ce qu'elles voulaient que la somnambule trouvât en entrant dans la chambre où nous nous trouvions et où la seule force de ma volonté allait l'amener.

— Du feu, me dit l'un.

— De l'eau, me dit l'autre.

— Des fleurs? me dit un troisième.

— Quelles sortes de fleurs, demandai-je.

— Des roses, des jasmins, des œillets et du lilas.

— Eh bien, leur dis-je alors, elle trouvera les trois choses dans l'ordre où vous venez de les indiquer.

Madame B. ouvrit la porte de la chambre dans laquelle nous étions. J'avais les yeux fixés sur elle, car je ne voulais perdre aucun des mouvements de sa physionomie.

A peine avait-elle ouvert la porte, qu'elle poussa un cri et se recula.

— Qu'avez-vous? lui dis-je.

— Du feu, fit-elle en étendant la main devant elle et avec effroi.

Nous nous regardâmes mes amis et moi.

— Passez à travers ce feu, lui dis-je.

Elle m'obéit immédiatement, et ses dents claquèrent les unes contre les autres.

— J'ai froid, fit-elle.

— Pourquoi?

— Parce que je suis dans l'eau.

— Eh bien, traversez-la.

Madame B. avança d'un pas encore et cette fois son visage se rasséréna complétement, elle s'agenouilla, prit un coin de sa robe de la main gauche et de la main droite parut ramasser différents objets à terre.

— Que faites-vous là? lui dis-je.

— Vous le voyez bien, je ramasse des fleurs.

— Pouvez-vous en faire un bouquet?

— Oui. Quelles fleurs préférez-vous?

— Devinez-le.

— Voici d'abord des roses, puis du jasmin, puis des œillets, puis du lilas.

— Et ensuite?

— C'est tout; il n'y a plus de fleurs.

Et s'avançant vers moi, elle me tendit la main pour m'offrir son bouquet.

C'était un spectacle charmant que celui de cette femme, qui ne se contentait pas d'exprimer ce qu'elle voyait et ce qu'elle éprouvait avec la parole sèche des somnambules que j'avais vues jusqu'alors, mais dont la physionomie et l'âme tout entière prenaient l'expression dictée soit par l'objet, soit par le sentiment que ma volonté lui offrait.

Ce qu'elle devait accomplir m'était toujours conseillé par les personnes qui se trouvaient là.

Quelquefois l'un de nous se mettait au piano et jouait quelque air religieux de Pergolèze ou quelque mélodie mélancolique de Weber.

Dans le premier cas, je l'ai vue, à ces accords qui lui révélaient un monde nouveau, se lever, joindre les mains et fixer ardemment les yeux vers le ciel. Elle s'élançait avec des aspirations soudaines vers ces voûtes dont son regard sondait un instant l'immensité d'azur et l'infini de lumière. Elle croyait avoir des ailes, se tenait sur la pointe des pieds, et retombait tout à coup sous le poids de son impuissance; car son âme seule s'envolait, son corps ne pouvait la suivre, et tout à coup un nuage passait entre elle et le spectacle céleste que la musique lui avait révélé pendant quelques secondes.

Dans le second cas, un tressaillement nerveux s'emparait d'elle d'abord, puis ses yeux se mouillaient de larmes, et elle restait dans une rêverie profonde.

Quand je la voyais ainsi, je lui prenais la main et je voulais qu'elle devînt gaie.

Une demi-minute après elle riait aux éclats.

De temps en temps je lui imposais la main sur le front et lui comprimais les tempes.

Alors ce n'était plus ni les larmes ni le rire, c'était un mélange de ces deux impressions, c'était la folie.

Elle se laissait tomber à terre, ses yeux devenaient fixes, elle s'accroupissait, faisait entendre des sifflements étranges, et répétait des chants sombres et inconnus, comme les cellules de Bicêtre et de Charenton ont dû bien souvent en entendre.

Ces scènes étaient d'une si effrayante vérité, qu'un jour madame L*** du théâtre Historique, qui y assistait et qui était entrée dans la chambre avec un sourire d'incrédulité, se trouva mal et eut une attaque de nerfs.

Il fallut la magnétiser elle-même et l'endormir pour lui rendre le calme.

Une actrice qui eût joué une scène de folie comme celle que nous avions sous les yeux eût été une grande actrice.

S'il fallait que je racontasse toutes les expériences merveilleuses dont j'ai été témoin, je ne finirais pas ce livre.

Je sais que ces pages trouveront encore bien des sceptiques et que beaucoup de gens diront que j'ai été trompé.

Si cela est vrai, j'aurai la consolation de me dire que j'ai été trompé avec les plus grands hommes.

Avec Hermès, le chef de la civilisation

égyptienne, le père de la science; avec Orphée, le chef de la civilisation grecque, qui enseignaient que l'âme dégagée de son enveloppe matérielle possède l'omniscience.

Avec Hippocrate qui a écrit que l'âme voit très-bien les maladies du corps, les yeux fermés.

Avec Albert le Grand et saint Thomas d'Acquin, qui reconnaissent que l'âme une fois délivrée de sa dépouille, il n'y a plus ni temps ni espace pour elle, et qu'elle prévoit l'avenir.

Avec Shakespeare, qui proclame dans *Macbeth* cette vérité, que dans le somnambulisme l'âme fait l'office des sens éteints.

Avec le révérend Père Lacordaire enfin, qui a avoué dans la chaire de Notre-Dame qu'il croyait fermement aux merveilles du magnétisme, et qu'elles tenaient à ce que dans l'état de somnambulisme, l'âme parvient à échapper un moment aux liens terrestres du corps.

Avouez qu'on pourrait se tromper en plus mauvaise compagnie.

FIN.

Ouvrages d'ALEXANDRE DUMAS, terminés.

LES DEUX DIANE,
10 volumes in-8.
Ce roman n'a pas paru dans les journaux.

LE CHEVALIER DE MAISON-ROUGE,
6 volumes in-8.

UNE FILLE DU RÉGENT,
4 volumes in-8.

AVENTURES DE QUATRE FEMMES,
Par Alexandre Dumas fils.
6 volumes in-8.

LE BATARD DE MAULÉON,
9 volumes in-8.

LES QUARANTE-CINQ,
Complément de la REINE MARGOT et de LA DAME DE MONSOREAU,
10 volumes in-8.

LA COMTESSE DE SALISBURY,
6 volumes in-8.

Sous presse:

LE CHATEAU DE BLOIS.

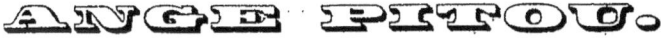

LE PEUPLE.

L'ART DRAMATIQUE.

Corbeil, imprimerie de CRÉTÉ.

www.ingramcontent.com/pod-product-compliance
Lightning Source LLC
Chambersburg PA
CBHW060412170426
43199CB00013B/2104